CARE
Good Care ,
Good Living

CARE
Good Care ,
Good Living

CARE
Good Care ,
Good Living

CARE

Good Care ,
Good Living

CARE
Good Care ,
Good Living

care 47

外公家書

作　　者：陳德勤　陳允斌
責任編輯：劉鈴慧
美術設計：張士勇
校　　對：陳佩伶
法律顧問：董安丹律師、顧慕堯律師
出　　者：大塊文化出版股份有限公司
台北市10550南京東路四段25號11樓
www.locuspublishing.com
服務專線：0800-006-689
電　　話：(02) 8712-3898　　傳真：(02) 8712-3897
郵撥帳號：18955675　戶名：大塊文化出版股份有限公司
版權所有　翻印必究

總　　銷：大和書報圖書股份有限公司
地　　址：新北市五股工業區五工五路2號
電　　話：(02) 89902588 (代表號) / 傳真：(02) 22901658
製　　版：瑞豐實業股份有限公司
初版一刷：2017年1月
定　　價：新台幣450元
ISBN：978-986-213-765-9
Printed in Taiwan

ZITO® Copyright © 2015　陳德勤 陳允斌
經北京紫圖圖書有限公司（通過四川一覽文化傳播廣告有限公司）
授權出版發行中文繁體字版

外公家書

作者：陳德勤　陳允斌

4

目錄

序

2006 年初，煊煊 3 歲多
孩子開心，學習才會快

2006 年底，煊煊 4 歲了
教孩子跟小朋友們的相處之道

2008 年初，煊煊 5 歲多
尊重孩子的「善變」

我母親對我說過，
愛孫子勝過愛兒子，
有了外孫張奕煊後，
我才真正懂了。
我和煊煊手拉手玩時，
三歲多的煊煊問：
「爸爸媽媽都有信，怎麼我沒有？」
於是，當外公的我給他寫了第一封信：
「煊煊：你好！外公寫」
我和煊煊一起一遍又一遍地讀這封信，
兩人都很開心。
信寫了一封又一封，
親情越來越濃，
煊煊認識的字自然也越來越多了，
也越來越懂事了……
全家人都很開心。

張奕煊的外公寫

謹以此書

獻給

每一位愛孩子的家長

一張白紙
好畫最新最美的圖畫

張奕煊外公 / 陳德勤

　　給孩子寫信本是無心之舉。我們家裡有個信箱，我經常帶著孩子一起去拿信，他每次都問：「這是誰的信呢？」

　　我說：「是爸爸、媽媽……的信。」

　　有一天，他突然問：「外公，我為什麼沒有信？」

　　就這樣，我開始給煊煊寫信，然後放在信箱裡面，每天讓煊煊打開找，他拿到信時開心得不得了：「我的信哪！」然後，他會拿著信念給家裡其他人聽，家裡人也開心，給他豎個大拇指，鼓勵他一下；有時候小朋友來了，煊煊也念給他們聽，那些小朋友家長覺得這是個很好的教育方法，很喜歡，也經常誇獎他。這樣一來，孩子的積極性也上來了，識字越來越多，而且每天都有期待。因為他感覺自己跟大人一樣平等了，

被人重視了，有人專門寫信給他，還寫「張奕煊小先生收」。

　　實際上，我並沒有打算為外孫做一個很刻意的教育計畫，當時的想法就是讓孩子開心，不去阻礙他天性的發展，而且還能認字，因為教孩子一個一個地去專門認枯燥的字沒意思，還不如讓他認得信裡的每句話，認真感受日常生活中的美好的點點滴滴。

　　現在，很多家長成天主張要讓孩子開心，但卻不知道從什麼途徑來進行，我覺得給孩子寫信這種方式是促進孩子開心成長的一個方便辦法，還能開啟孩子的智慧。

　　比如，如何教孩子學習擔當責任，我就在信裡寫「外公年紀大了，你要拉著外公的手，保護外公安全過馬路。」孩子就會感到很光榮、很自豪，他說：「外公你眼神不好，我拉著你的手安全。」……慢慢地，孩子學會了怎麼處理跟長輩的關係，怎麼跟小朋友相處……學到了好多在學校學不到的東西。我認為，在

孩子是一張白紙的時候，學過的東西往往能深深地烙在上面，甚至終生不忘。

　　怎麼讓孩子去瞭解中國的文化很重要，其實這些文化都凝聚在包羅萬象的詩詞裡。詩詞是潤物細無聲的，孩子天天讀這些詩詞，自然知道怎麼去孝順家長——「誰言寸草心，報得三春暉」，不需要大人再去說教。說教往往是無效的，反而通過詩詞去滲透更好。在教孩子讀詩詞的過程中，我們家長也能學到很多，因為有一些東西我也不見得懂，為了教小孩，我也要去查一下工具書，不能講錯了。

　　我有個很深的印象，一次在給孩子寫信時，我無意中把「丟三落四」寫成了「丟三拉四」，女兒就趕緊給我糾正。我說：「幸虧你提醒我，萬一就這樣教他，他記住了可就麻煩了！」孩子的記性很好，你講錯的話，他一輩子都記得。

　　我覺得孩子就讓他自然地成長，不要一開始就給他很大的壓力，不要求他一定要達到一個什麼樣的高度。我曾經和有些家長也談過，位置越高的人不見得越幸福。

　　我們就是很自然地教孩子，比如教古詩詞，就是從最簡單的開始，先教最簡單好記的，他念得也開心，念了以後還可以和其他小朋友交流。我們從來沒有規定孩子今天不背出來就要怎麼樣。

　　我認為，興趣比什麼都重要，人一輩子就應該做自己感興趣的事情；不要強迫孩子，做他不喜歡的事情。現在回顧那些養育兩個女兒和教外孫的時光，我很開心，更覺得是一種雙贏。

　　希望看到這本書的家長們，也在養育孩子們的過程中雙贏，永遠開開心心！

工夫在詩外

張奕煊媽媽 / 陳允斌

　　我的父親在大學做了幾十年老師，教的是師範專業，可以說是「老師的老師」。我年少時就讀的學校，校長也是他的學生。他講課生動有趣，大人、小孩都能聽得津津有味。親友的小孩子成績不好，父親給指點幾次，升學考試就拿高分。

　　孩子們都願意聽他的話。他很懂得兒童心理，總是把自己擺在跟他們同樣的位置來交流。煊煊小的時候，也認為自己最好的朋友就是外公。

　　父親一開始給煊煊寫信的時候，大家都覺得這只是他們祖孫之間的一個小遊戲。孩子每天打開信箱找自己的信，很開心。漸漸地，我感覺這些信越讀越有味道，就開始有意識地把信收集起來保存。

　　從煊煊三歲開始，一直到上小學，我父親這一寫

竟寫了三年。每天一封信，一共寫了一千多封。這些信教會了孩子學習的方法，教他親近自然、珍惜親情、懂得孝道，認識自我價值⋯⋯最重要的是，引導孩子從日常生活的點點滴滴中，感受人生的美好與快樂。

九年過去了，外公的家書還在繼續，只不過收信人換成了我的小外甥南南——我妹妹的孩子，而外公的信也有了更現代化的形式。

我們建了一個小小的微信群，叫作：「南南的信箱」。外公每天通過微信給南南寫信，信後附上一首歌曲，有時候還配上自己拍的照片或是小視頻，家裡每個人都能看到。這個信箱不僅給南南帶來了每天的期待和快樂，也讓分離三地的一家人，可以隨時分享各自的生活，就像依然住在一起⋯⋯親情更濃了。

記得小時候，母親告訴我一句古人的話：「汝果欲學詩，工夫在詩外。」我一遍又一遍地重讀父親的書信，想起了這句話，越來越懂得他的良苦用心。

一千多封信，字字句句，貫穿始終的是「讓孩子

快樂」的初心。這正是「工夫在詩外」。我深深地體會
到：無論是什麼教育，必須能給孩子帶來快樂，唯其
如此，才可以稱之為真正的成功！

2006 年初

煊煊 3 歲多
孩子開心，學習才會快

剛開始給孩子寫信
主要是讓他開心

煊煊：

你好！

外公寫
2006 年 2 月 5 日

詠鵝　唐/駱賓王

鵝，鵝，鵝，曲項向天歌。
白毛浮綠水，紅掌撥清波。

外公說

其實一開始給孩子寫信是無心之舉。有一天煊煊問:「爸爸媽媽都收到信了,怎麼我沒有?」於是當外公的我就高高興興地擔起了給煊煊寫信的責任,煊煊也能經常開開心心地看到外公的來信了。

其實這麼做,主要是為了讓他開心,也想教他識字;我覺得像這樣寫封信,比單單教一個字、兩個字好一點。而且孩子每天收到信確實很開心,還拿給別人看,念給很多人聽,代表他認識這些字。

所以之後教他詩詞的時候,他也很願意念。在當時我沒有要求他會寫這些字,認得、會念就可以了。

媽媽說

〈詠鵝〉可以說是兒童啟蒙的第一詩,畫面感很強,對於孩子來說很容易懂。所以外公選擇從這首詩開始教。

孩子開心，識字才快
如何讓三歲左右的孩子主動識字、背書

煊煊：

　　早上好！

　　祝你天天快樂！

外公寫

2006 年 2 月 6 日

　　　　春曉　　唐／孟浩然

　　春眠不覺曉，處處聞啼鳥。
　　夜來風雨聲，花落知多少？

外公說

第二天的信，字要多一些，也是為了讓孩子認字。煊煊看到後很開心，因為他幾乎都認識，遇到不認識的字也可以順出來，像「快樂」這個詞，他會自己根據上下文的意思去順。

後來有些信上的字他不認識，就會主動找我念一遍給他聽。其實，我沒有刻意地讓他通過信去認多少個字，而是儘量寫短一點，讓他慢慢去接受。我覺得，小朋友應該每天都要開開心心的，家長不要把自己的想法強加給小朋友。

媽媽說

小孩子背書其實大多是不求甚解的，所以我們只要他背出來就行了。我們小時候也是這樣背了好多詩，比如〈長恨歌〉，我背的時候才八歲，哪知道裡面是什麼意思，直到長大以後才明白。但我小時候也背得很有勁，為什麼呢？我覺得詩有一個好處，不僅有意思在裡面，還有音韻，是音樂，所以小孩背的時候會感覺它鏗鏘有力、抑揚頓挫，會很喜歡背。

家人出遠門之前
要教孩子說：「祝您一路平安！」

煊煊：

　　早上好！

　　爸爸媽媽今天去非洲，我們祝他們一路平安。

外公寫

2006 年 2 月 7 日

· ·

送元二使安西　　唐／王維

渭城朝雨浥輕塵，客舍青青柳色新。
勸君更盡一杯酒，西出陽關無故人。

🌿 媽媽為煊煊注：浥，是濕的意思；故人，是老朋友的意思。

外公說

這是爸爸媽媽第一次長時間離開煊煊，我感覺到他在爸爸媽媽離開前有點失落。於是，我先給孩子念這封信，然後解釋非洲在哪裡，爸爸媽媽去做什麼，他們只是暫時離開，過一個星期就會回來。

還告訴他，家裡人出遠門之前，要祝福他們一路平安——因為孩子不知道怎麼跟爸爸媽媽告別，所以信中我就寫了「祝他們一路平安」。這以後家裡有人要出門，他就知道要祝人家「一路平安」，一下子就教會了。

媽媽說

外公會給孩子背詩，但外公不會過多地講解，因為孩子很難瞭解詩句中的深意，像「西出陽關無故人」他只能明白第一層意思，後面的深意，不需要他去理解，我們只是讓他感覺到那個意境就可以。三歲多的孩子不會理解到這個層次，但這會為他以後學這首詩打下基礎。

要向孩子強調：「大家都愛你！」
目的就是讓他認識到自我的價值

煊煊：

你好！

你是一個好孩子，

爸爸媽媽都愛你。

外公寫

2006 年 2 月 11 日

靜夜思　　唐 / 李白

床前明月光，疑是地上霜。

舉頭望明月，低頭思故鄉。

媽媽為煊煊注：李白是寫詩的天才，他寫的詩天馬行空，想像力特別豐富，後人稱他為「詩仙」。

外公說

爸爸媽媽還沒有回來，煊煊很想念他們，悶悶不樂的。我就寫了這封信，告訴他爸爸媽媽雖然沒在他身邊，但也是愛他的。選的詩也是思故鄉的詩，告訴他爸爸媽媽也在思故鄉，正好有情景在這兒，教會他什麼是思念。

媽媽說

外公當時經常會寫：「爸爸媽媽愛你、爺爺奶奶愛你、外公外婆愛你。」這些話，讓孩子感覺到「大家都愛你」的這種親情，目的就是讓他認識到自我的價值，因為現在很多新生一代的自我價值感太低了。

讓孩子開心的事
寫在紙條上比直接說效果更好

煊煊：
　　你好！
　　今天是元宵節，
　　大家來吃元宵。

外公寫

2006 年 2 月 12 日

· ·

正月十五日夜（節選）　　唐 / 蘇味道

火樹銀花合，星橋鐵鎖開。
暗塵隨馬去，明月逐人來。

媽媽為煊煊注：元宵節又叫「燈節」，地上燈火輝煌，
天上明月光光，多漂亮啊！這首詩寫的就是這種景象。

外公說

我告訴過煊煊：「元宵節來了要吃元宵。」所以孩子在看完我的信後，就等著、期盼著。當時煊煊已經能夠基本讀懂我的信了，我認為，在認字的基礎上又可以開始教他一些生活常識了。

媽媽說

外公很會哄小孩子，他知道直接告訴孩子說今天是元宵節，讓孩子來吃元宵，孩子的確會很開心，但如果突然之中給孩子一張紙條，寫上同樣的內容，孩子會更開心。

每天都給孩子
一個期盼，一個驚喜

煊煊：

　　早晨好！

　　爸爸媽媽今天從非洲回北京。

　　你晚上就可以見到他們了。

外公寫

2006 年 2 月 14 日

逢雪宿芙蓉山主人　　唐 / 劉長卿

日暮蒼山遠，天寒白屋貧。

柴門聞犬吠，風雪夜歸人。

外公說

這封信當然就是向孩子報告好消息,告訴他:「爸爸媽媽要回來了。」我是在晚上接到煊煊爸媽電話的,當時煊煊已經睡了,於是我就給他寫了封信。第二天早上我在外面散步時,煊煊讀到了這封信,很開心,還把這個消息告訴其他小朋友,然後滿臉期盼地等著。

媽媽說

外公總是比煊煊早一點起來,他想每天都給孩子一個驚喜,我每天起床都看到我爸在給煊煊寫信,孩子一起來穿好衣服就來看信。不光是煊煊,我們也喜歡看外公的信,信裡的內容每天寫的角度都不一樣,每天都有新的東西。

隨著煊煊慢慢長大,他會把外公與他的這種相處方式運用到自己跟別人的相處上。有一次煊煊去朋友優優家,優優跟人鬧彆扭了,很不開心,煊煊就勸他說:「你不要生氣,不要因為別人的錯誤懲罰自己。」我覺得特別有意思,優優的媽媽還跟我說:「你們家孩子才幾歲,怎麼就會懂這種道理?」

讓孩子知道你是他的好朋友
他就聽話了

好孩子煊煊：

　　早上好！

　　外公是你的好朋友，你也是外公的好朋友。

外公寫

2006 年 2 月 16 日

鳥鳴澗　　唐 / 王維

　　人閑桂花落，夜靜春山空。
　　月出驚山鳥，時鳴春澗中。

外公說

　　從這一封信開始，我一般會在信的稱呼「煊煊」前面加上幾個字，如「好孩子煊煊」。因為我覺得一天到晚都寫「煊煊」有些單調，所以想變化一下，讓稱呼更親切一點。

同時我也在想，跟孩子應該以一個平等的關係來相處，更確切的說應該是好朋友的關係，這樣一來我們可以互相指出對方的錯誤，更好地溝通，而且很多東西我們都可以分享，而分享是一件很重要的事情。

我曾經看到一篇報導，有一戶人家的親戚買了點水果來看望他們，親戚說得很客氣，說是給孩子吃的，親戚走了以後爸媽想拿根香蕉來吃，孩子一把搶過來就說：「給我的東西你們怎麼能吃？」

這就有些過分了。所以，我就想到要給孩子灌輸分享的概念，而朋友之間，分享東西是再正常不過的。我常跟他說好朋友要相互關心、愛護，教育他也是從朋友的角度，不會強迫，更不會打罵。

媽媽說

外公知道，想要教育孩子學會分享，如果他以長輩的身分一口氣全講出來，孩子可能記不住，所以他先埋下一個伏筆，說你是我哥們兒，我也是你哥們兒，讓孩子知道你是他的好朋友，他就聽話了，所以說，外公很有智慧。

看爸爸媽媽拍的動物照片
比書上講的更能讓孩子記的住

好孩子煊煊：

　你好！

　請來看爸爸媽媽在非洲拍的動物照片。

　有斑馬、羚羊、大象、河馬、犀牛、獅

子……還有長頸鹿。

外公寫

2006 年 2 月 17 日

風　　唐 / 李嶠

解落三秋葉，能開二月花。
過江千尺浪，入竹萬竿斜。

🦋 媽媽為煊煊注：這首詩可以當作一個謎語來猜，謎底
就是「風」。你可以拿去考考小朋友，看誰能夠猜出來。

外公說

　　寫這封信的目的就是想讓孩子認識這些動物，附上這首詩是為了煊煊學一些簡單的中文數字。

 **孩子不想吃水果怎麼辦**

煊煊：

　　早晨好！

　　你是一個小男孩，你喜歡吃蘋果。

外公寫

2006 年 2 月 25 日

望天門山　　唐 / 李白

天門中斷楚江開，碧水東流至此回。
兩岸青山相對出，孤帆一片日邊來。

媽媽為煊煊注：仔細看一看「出」字，像不像兩座山
重疊在一起呢？

外公說

現在有些孩子不喜歡吃水果，或是把吃水果當成一個任務，其實，家長也可以在吃水果這件事情上讓孩子得到快樂。比如，我寫張紙條暗示煊煊有蘋果吃，他就會很開心。

如果你的信能讓孩子快樂，以後看到信，他就會有期待，而且還會天天找信，每天很早就起來了，不自覺就養成了他早起的習慣，我覺得挺好。重要的是，每一封信裡都有親情在。

煊煊每次早上起來的時候，我基本上都在外面散步，但他只要讀到我的信，就像是在跟我聊天，能感受到我對他的愛。

 **滲透式教育方法最靈**

小男孩煊煊：

　你好！

　你要記住，你的生日是十一月十二日。

　　　　　　　　　　　　　　　外公寫

　　　　　　　　　　　　　2006 年 3 月 1 日

小松　　唐 / 王建

　小松初數尺，未有直生枝。

　閑即傍邊立，看多長卻遲。

外公說

我寫這封信，一是想讓煊煊記住自己的生日，二是讓他回憶一下過生日的快樂，因為第二天就是他媽媽的生日，我先告訴他的生日，再告訴他媽媽的生日，讓他自己有一個感受，然後才能想到別人。

媽媽說

雖然外公是教大學生的數學教授，但是他也很會輔導小孩，他的那些朋友們，如果家裡有孩子數學考不好，都找他去輔導。經過外公輔導以後，那些孩子很多都考了滿分。

告訴煊煊生日的方式，其實也有外公的教學理念在裡面，因為我的生日快到了，所以他先要講煊煊的生日；他不會揠苗助長，而是耐心地一點一點滲透。

對於一個三歲多的小男孩來說，我覺得用這種滲透式方法來教育非常好。先從孩子的角度去吸引他，讓他自己體會到過生日的快樂，然後在別人的生日來臨時，他自然而然就能感受到別人的快樂和期盼。

 **有自己的感受，才能想到別人**

煊煊：

　你好！

　今天是媽媽的生日，我們一起祝她：生日
快樂！

外公寫

2006 年 3 月 6 日

• •

烏衣巷　　唐 / 劉禹錫

朱雀橋邊野草花，烏衣巷口夕陽斜。
舊時王謝堂前燕，飛入尋常百姓家。

外公說

給煊煊介紹生日以後，他慢慢地明白了生日的含義。今年他很開心，因為他覺得自己的生日過完以後，媽媽的生日也要來了，當然，小孩還是想著要吃蛋糕，這也是開心的一個原因。

媽媽生日那天，煊煊往往去爭取早點說生日快樂，有時候還說多遍，告訴別人今天是他媽媽生日，大一點後他就開始給媽媽準備生日禮物。

媽媽說

外公寫信，有一個連貫性。隨意地讀其中一封，你可能覺得很平常，可最後把它們系統地整理出來一看，就會知道外公的心裡想了很多。

他是提前想好的，對煊煊的教育是一點一點層層遞進的。我覺得這個跟他下圍棋有關係，外公的圍棋下得很好，所以他總是會提前考慮事情，所以就考慮得非常遠，邏輯特別清晰。

對古詩，只要讀了就行
讀多了，孩子自然就理解了

煊煊：

你好！

今天是三八婦女節，請祝幼稚園老師們節
日快樂！

外公寫

2006 年 3 月 8 日

關雎（節選）　詩經

關關雎鳩，在河之洲。
窈窕淑女，君子好逑。

🦋 媽媽為煊煊注：這首詩中，雎鳩，是一種水鳥，牠們
頭頂的羽毛長得好像國王頭上的王冠一樣，雄鳥和雌
鳥，終身相伴。

外公說

三八節正好是屬於女性的，所以信中用了《詩經》中的這幾句詩。

其實，對《詩經》裡的詩，孩子不用理解得多深刻，只要讀了就行，讀多了，自然就理解了。我認為這些詩都是作為一個中國人必備的基礎知識，是中國文化的一部分，孩子要有所接觸。

媽媽說

煊煊把這些詩讀熟了，連日常生活中開玩笑時，都能隨手拈來兩句，改編一下，博取大家一笑。比如：「關關雎鳩，打點醬油」，還有「窗前明月光，李白來爬窗」。

我覺得，這也是孩子們在發展他的創造性和幽默感。孩子從小體會了詩歌的韻律感，才能做到隨口改編；同時也沒有讀成書呆子，還能在學習中尋找小樂趣。

孩子感覺親人們都很愛他
他就會自信滿滿

親愛的煊煊：

你好！

我們大家都喜歡你，你是一個好孩子。

外公寫

2006 年 3 月 11 日

尋隱者不遇　　唐 / 賈島

松下問童子，言師采藥去。
只在此山中，雲深不知處。

外公說

馬上是外婆的生日了，所以我先寫封信來誇誇孩子，做個鋪墊，說我們大家都喜歡你，孩子就明白了，因為他知道我是在講親情。

媽媽說

外公從一開始就強調大家都喜歡煊煊，我覺得這還是滿重要的，如果一個人能切實感受到親人都很喜歡他、愛他、看重他，那他就不會輕易地產生傷害自己或者是自暴自棄的念頭。例如，他不會因為老師批評了他，就覺得自己是一個壞孩子，然後喪失進取心。所以我感覺這樣的內容很重要，能夠培養孩子的自我價值觀。

教孩子從小做一個有心人
希望孩子記得家裡每一個人的生日

外婆的乖孫子煊煊：

　　早上好！

　　今天是外婆生日，我們一人吃一碗長壽麵，祝外婆健康長壽。

外公寫

2006 年 3 月 12 日

‧‧‧‧‧‧‧‧‧‧‧‧‧‧‧‧‧‧‧‧‧‧‧‧‧‧‧‧‧‧‧‧

新嫁娘　　唐/王建

三日入廚下，洗手作羹湯。
未諳姑食性，先遣小姑嘗。

媽媽為煊煊注：詩中的羹，是銀耳羹的羹。諳，是知道的意思。姑，是婆婆，就是丈夫的媽媽，小姑就是丈夫的妹妹。

外公說

現在普遍缺少親情方面的教育，我希望孩子的心在這個大家庭裡，所以想讓他記著父母、爺爺、奶奶、外公、外婆的生日。並不是說我生日一定要收你們什麼禮物，其實一份祝福就行了，這份祝福就是親情，表示我的心中有你，我給煊煊寫這封信也是出於這個目的。

媽媽說

過生日吃長壽麵是我奶奶非常重視的習慣，而且奶奶的記性非常好，即便她年紀很大的時候，還記得家裡每一個人的生日，不僅是直系親屬，三代以內親戚的生日她都記得。比如說某個姪兒過生日，但他人不在家，我奶奶就會在家裡吃一碗麵，說：「今天是某某的生日，我吃一碗麵。」

她能記住每一個親戚的生日，有親戚過生日的時候，她一定吃一碗麵。有時候，我覺得這不僅僅是老人記憶力好的原因，關鍵是她有心，這是她表達愛的一種方式。所以，當時我們也給煊煊說要記住每個人的生日，因為這才是親情。

讓孩子知道「難能可貴」

煊煊：

你好！

大伯伯和大伯母的生日到了，他們兩個人的生日，在同一天很巧。

晚上見到他們，請說：生日快樂！

外公寫

2006 年 3 月 15 日

長干行（節選）　唐 / 李白

妾髮初覆額，折花門前劇。
郎騎竹馬來，繞床弄青梅。

🌱 媽媽為煊煊注：覆，是蓋的意思。這裡說的「床」，不是我們睡覺的床，而是井欄。

外公說

煊煊的大伯母和大伯父生日在同一天,夫妻一塊
兒過生日的機率並不大,難能可貴,所以我要寫信告
訴孩子。生日這天他們都很開心,當然,配的詩也很
有趣。

 **給孩子讀詩，應該應景、應時**

煊煊：

你好！

今天是小姨婆的生日。過生日要吃長壽麵，還要點蠟燭，吃生日蛋糕。

外公寫

2006 年 3 月 18 日

雜詩　　唐／王維

君自故鄉來，應知故鄉事。

來日綺窗前，寒梅著花未？

媽媽為煊煊注：著花，就是開花。

外公說

三月份我們家過生日的人特多，所以我集中把生日的概念寫給孩子學習一下。

媽媽說

小姨婆是我媽媽的妹妹，她來我們家，所以是「君自故鄉來」，就是告訴煊煊，她是從外婆的故鄉來，所以外公的這首詩很契合，很有意義。在給煊煊講解這首詩的時候，還可以告訴孩子外婆老家的事，外婆聽了也歡喜。實際上，這樣來教孩子非常應景、應時。

 ## 小小男子漢大小便應進男廁所

小小男子漢張奕煊：

你好！

男孩大小便進男廁所，你是一個小男孩，
大小便應該進男廁所。

外公寫

2006 年 3 月 21 日

夏日絕句　　宋／李清照

生當作人傑，死亦為鬼雄。

至今思項羽，不肯過江東。

外公說

教會孩子吃喝拉撒有好處，反正沒壞處，而且教會孩子進哪個廁所必須早點教。

媽媽說

這首詩比較有男子氣概，外公之所以配上這首，其中一個原因是想讓他具有男子漢的性格。我覺得從小培養孩子的男子氣概，對他以後大有好處。

讓孩子多接觸天地之氣
生命力更旺

我的好朋友煊煊：

你好！

今天天氣很好，我們一起去玩。我們帶著
玩具，一起去挖沙，一起捉小蟲。

外公寫

2006 年 3 月 24 日

詠柳　　唐／賀知章

碧玉妝成一樹高，萬條垂下綠絲條。
不知細葉誰裁出，二月春風似剪刀。

外公說

玩具不是越貴越好，也不是花錢買的就好。有時，撿到一片好看的樹葉、一粒漂亮的小石子，採到的一朵小小的野花……都可能是小朋友的最愛。

所以，我會儘量帶煊煊去外面玩，覺得可以讓小孩子親近大自然，接地氣，重要的是孩子玩這些都很開心。附上這首詩是因為春天來了，應景。

媽媽說

外公帶孩子玩，孩子都玩得很開心。外公現在也用同樣的理念在教育我妹妹的孩子、我的外甥。我外甥曾說他最好的玩具是大米；他喜歡用手去抓大米的感覺，覺得很舒服。

在我看來，糧食是有生命的、有天地之氣的東西，跟非自然的東西接觸起來感覺完全不一樣，所以我很贊同外公帶煊煊去接觸大自然。

小便咬緊牙，到老不掉牙
讓孩子從小養成一個對他一輩子都有好處的習慣

煊煊：

你好！

小便咬緊牙，到老不掉牙。

這句話一定要牢牢記住。

外公寫

2006 年 3 月 30 日

· ·

秋浦歌　　唐 / 李白

白髮三千丈，緣愁似個長。

不知明鏡裡，何處得秋霜。

媽媽為煊煊注：白頭髮好長呀，竟然有三千丈（一丈
等於十尺，大約有三個煊煊那麼高）。是不是很誇張？
但是非常生動形象。

外公說

小便時咬緊牙，這是我從小就教育孩子的，小孩養成這個習慣有好處，對他一輩子都有好處。

媽媽說

中醫講究「齒為腎之標」，小便時咬緊牙關可以固住腎氣。那時候，外公提醒了大家這件事，在洗手間貼了一張紙，上面寫著「咬牙切齒」四個大字，大家覺得很有趣，而那張紙也在洗手間裡貼了好多年。

 好朋友要相互扶持

小男孩張奕煊：

你好！

你是外公的好朋友，外公也是你的好朋友。

好朋友，手拉手，一起走。

外公寫

2006 年 4 月 2 日

獨坐敬亭山　　唐／李白

眾鳥高飛盡，孤雲獨去閒。

相看兩不厭，只有敬亭山。

外公說

我寫這封信是想告訴煊煊怎樣擇友，這只是個開始，後面還會有好朋友是什麼樣的，酒肉朋友是什麼樣的，等等。

我認為，如果家長以一種強硬的方式教育孩子，比如：「你不要跟這個人玩，你要跟那個人玩。」小孩子可能聽不進去，而以這種方式來一步一步地教育孩子，我覺得更好。現在，孩子已經懂得跟好朋友要相互扶持的道理，給他的糖也是好朋友吃一塊，他吃一塊。

媽媽說

這一天，李白在敬亭山一個人坐了很長時間。鳥兒們沒有陪伴他，都高高地飛走了，天空中的一朵雲也沒有陪伴他，慢慢地向遠方飄去了。還有誰願意陪著他呢？只有敬亭山。

敬亭山就好像一個好朋友似的，和李白互相默默地對望著，誰也沒有厭煩對方。誰能夠理解李白此時此刻的心情呢？只有這敬亭山了。所以，在一個人孤獨、失意的時候，還能陪伴在他身邊的，才是真正的朋友。

教孩子知識前
家長要先做好功課

煊煊：

　你好！

　今天是一個節日，叫作「清明節」。清明的
意思是清潔、明亮。

　　　　　　　　　　　　　　外公寫
　　　　　　　　　　　　2006 年 4 月 5 日

· ·

　清明　　唐 / 杜牧

　清明時節雨紛紛，路上行人欲斷魂。
　借問酒家何處有，牧童遙指杏花村。

🦋 媽媽為煊煊注：寫清明節的詩很多，這首詩是最有名
　的。現在人們一提到「杏花村」，就會想到酒家。

外公說

寫這封信時，因為害怕弄錯了，我還特地查了書中清明節「清明」的確切意思。因為有時候，煊煊讀完信後會主動問我問題，到時候我就要盡可能地用通俗易懂的語言給他講解。

媽媽說

外公是一個理科生，做事情很嚴謹。

教孩子當好小主人
讓孩子在不經意間,就懂得責任感

煊煊:

你好!

明天,媽媽請她的朋友帶孩子來家裡作客。有四位小朋友。你要當好小主人,帶他們一起玩。

你的好朋友外公寫

2006 年 4 月 8 日

明日歌(節選)　明/文嘉

明日復明日,明日何其多。
我生待明日,萬事成蹉跎。

外公說

因為有四個小朋友要過來,所以我寫這封信讓煊煊有所準備。結果那天他表現非常好,帶著小朋友吃東西,把自己的玩具拿給大家一起玩,跟小主人一樣。

愛跑愛跳,愛玩愛鬧是小朋友的天性,所以,家

長應該讓小朋友開開心心地玩，如果過度干涉反而使大家都不高興。

媽媽說

我發現，就是因為外公在孩子小時候這樣教他，所以煊煊很自然地學會了怎麼帶小孩。前段時間，我們在家招待了幾個我的朋友，其中一位帶了一個兩歲多的小男孩，那孩子很愛動，一刻不離開他的媽媽。我們一起吃飯，煊煊早早吃完就主動提出要去帶那個孩子，然後他把那位小朋友領進了自己的房間。

小朋友的媽媽說：「妳看吧，不到十分鐘我兒子就會跑出來。」結果十分鐘過去了，房間裡悄無聲息的，過了二十分鐘煊煊跑出來告訴我：「放心吧，我在教他數錢，我在教他一塊錢等於一百分錢。」然後又過了二十分鐘，煊煊又跑出來，讓我取一下他的鋼琴課本。

小朋友的爸爸好奇地問：「怎麼能這麼乖呢，怎麼過了這麼久他還能聽你兒子的話呢，我去看看怎麼回事。」他悄悄地把門推開一條縫，看到煊煊在手把手地教那個孩子彈鋼琴。

 讓孩子知道「過去、現在、將來」

煊煊：

早上好！

每星期有七天：星期日，星期一，星期二，

星期三，星期四，星期五，星期六。

星期六以後又是星期日了⋯⋯

你的好朋友外公寫

2006 年 4 月 9 日

今日歌（節選）　明／文嘉

今日復今日，今日何其少。

今日又不為，此事何時了？

外公說

寫這封信是為了教孩子時間的概念，因為時間比較抽象，所以從簡單的星期開始教，告訴他時間是可以迴圈的。一開始，煊煊對星期的理解並不深，讀好多次後就明白了。

媽媽說

〈今日歌〉是跟前面的〈明日歌〉一個系列的，給孩子讀一讀能讓他明白今天的含義，告訴他今天就是現在，今天過去了就變成昨天，再也回不來了，今天該做的事情，一定把它完成，不要拖到第二天，因為第二天還有第二天的事情，讓他記住「今日事，今日畢」。後面有幾封信也是教時間的。

一開始是跟煊煊講解今天和明天，然後是講星期一到星期日，接著是一年有 365 天，再是春夏秋冬四個季節，一整個系列，一個階段教他一些。其中還給孩子滲透了活在當下的理念，慢慢讓孩子知道什麼是過去什麼是將來，非常有深意。

 # 教孩子理解「昨天」這個概念

煊煊：

早上好！

昨天你們幾個小朋友玩得真開心。

你們玩了直排輪、溜滑梯，還有跳床。

　　　　　　　　你的好朋友外公寫

　　　　　　　　2006 年 4 月 10 日

江畔獨步尋花　　唐 / 杜甫

黃四娘家花滿蹊，千朵萬朵壓枝低。

留連戲蝶時時舞，自在嬌鶯恰恰啼。

媽媽為煊煊注：畔，是河邊。蹊，就是小路。

外公說

　　這封信是給煊煊強調「昨天」的概念，信上我講的都是昨天的事情，但是在不同的時間，它是明天或今天。結合昨天的信，能加深孩子對時間的瞭解。

記住父母生日

如果孩子連父母生日都記不住，又怎能盡孝

好孩子小煊：

早上好！

爸爸生日是十二月三日，媽媽生日是三月六日。

你可要牢牢記住。

外公寫

2006 年 4 月 15 日

· ·

絕句　唐/杜甫

遲日江山麗，春風花草香。

泥融飛燕子，沙暖睡鴛鴦。

媽媽為煊煊注：「遲日」，指的是「春日」。

外公說

我會經常給孩子重複親人的生日，讓他牢牢記住。因為世上沒有不知道孩子生日的父母，但反過來卻不盡然。如果孩子連父母生日都不知道，又怎能盡孝？所以，讓孩子記住爸媽的生日非常重要。

媽媽說

真有一些人記不住親人的生日，記得上大學的時候我問某個同學，他爸爸的生日在哪一天？他說不知道，想不起來了，我覺得太驚訝了。現在想來，可能小時候他的家人沒有給他強調過這件事吧。

 **鼓勵孩子參加公益活動**

煊煊：

　你好！

　你和爸爸媽媽一起去參加植樹活動，你種了三棵樹，真了不起！

外公寫

2006 年 4 月 18 日

張奕煊在樹上掛的留言牌──

　這是張奕煊和媽媽、爸爸種的樹。

　今天來的人可多了！

張奕煊說、媽媽寫

2006 年 4 月 18 日

相思　　唐/王維

紅豆生南國，春來發幾枝？

願君多採擷，此物最相思。

外公說

帶孩子參加植樹活動時，做留言牌的目的是想多培養一下煊煊的表達能力，前一個階段著重談記憶、親情、日期等內容，這一個階段我著重開始培養煊煊的表達能力了。

媽媽說

孩子是未來的主人翁。

多帶孩子參加公益活動，從小培養孩子的社會責任感，有助於他將來變成一個大寫的人。

教育孩子
必須懂他的心理才能達到目的

煊煊：

　　早晨好！

　　你是一個勇敢的好孩子。

　　你喜歡聽故事，外公每天講一個故事給你
聽，好不好？

外公寫

2006 年 4 月 23 日

晚春　　唐 / 韓愈

草木知春不久歸，百般紅紫鬥芳菲。
楊花榆莢無才思，惟解漫天作雪飛。

🌸 媽媽為煊煊注：四月下旬，每年這個時候，北京到處
飄飛著楊花和柳絮，真像下雪一樣。

外公說

我經常講故事給煊煊聽，也希望他講給別人聽，就是想訓練他的表達能力；之後他也開始給我講故事了。

媽媽說

外公邏輯性很強，寫這一封信只是在埋伏筆。

他下圍棋下得很好，每次都是先佈好局，深謀遠慮地一步一步地下。之所以把〈晚春〉這首詩放在這裡，是因為煊煊要去上海了，要出遠門了，怕他不適應，先給他打氣，所以就先誇獎煊煊說：「你是一個勇敢的好孩子。」外公真的很懂兒童心理。

愛聽故事的小孩
也要講故事給爸媽聽

愛聽故事的小男孩張奕煊：

早上好！

昨晚上外公講的武松打虎的故事，你還記得嗎？

今天你講給爸爸、媽媽聽，他們也一定喜歡聽。

也喜歡聽故事的外公寫

2006 年 4 月 26 日

● ●

大風歌　　漢 / 劉邦

大風起兮雲飛揚，威加海內兮歸故鄉，
安得猛士兮守四方！

媽媽為煊煊注：兮，是「啊」的意思。

外公說

我開始訓練煊煊講故事。他最喜歡講的故事是「三
碗不過崗」，男孩子嘛，對這種故事比較感興趣，而且
他對酒很好奇。

但是，千萬不能讓小朋友嘗嘗酒的味道，酒精會
大大傷害小朋友的視力。況且，抽菸、酗酒、吸毒幾
乎都是從嘗味道開始的。

媽媽說

有一次煊煊問我：「酒是什麼味？想嘗一嘗。」我
說：「不可以，要等到十八歲才可以喝酒。」

每一封信都是一顆種子
培養孩子愛讀書的好習慣

愛看書的小朋友䬒奕煊：

你好！

明天我們出發回上海。你可以帶上兩本喜歡的書在路上看。

外公寫

2006 年 4 月 27 日

渡漢江　　唐 / 宋之問

嶺外音書斷，經冬復立春。
近鄉情更怯，不敢問來人。

🐝 媽媽為煊煊注：怯，是害怕的意思。

外公說

從煊煊上幼稚園開始，我們就不再讀書給他聽了，除非是《道德經》那種需要解釋的書。我們基本上讓他自己看書，他也能大致理解書中的意思。

媽媽說

小孩出遠門，路途中他也不知道幹嘛，所以可以給他帶兩本書在路上讀，一是讓他打發無聊的時間，二是他自己也喜歡讀書。從這以後，每次帶他出遠門，我都會給他帶兩本書。

自從他學會閱讀以後，我帶他就輕鬆多了；很小的時候帶他出門需要全程照顧他。他能自己讀書後，我就不用管他了，不管到哪兒，他都能安安靜靜地看書。比方說如果我帶他出去跟人家談事情，有的小孩等上一會兒就會不耐煩，他就不會，他會一直拿著書在那兒看，直到你叫他。

所以說，外公的每一封信都是一顆種子，讓煊煊在成長的過程中養成了很多很好的習慣。

 ## 給孩子強調時間概念

小男孩牋奕煊:

　早上好!

　我們下午出發。從北京到上海有一千五百
　公里,坐火車要一個晚上,坐飛機兩個小
　時到。

外公寫

2006 年 4 月 28 日

下江陵　　唐 李白

朝辭白帝彩雲間,千里江陵一日還。
兩岸猿聲啼不住,輕舟已過萬重山。

外公說

我想給煊煊強調一下時間概念，所以把坐火車與坐飛機的時間都在信裡告訴了他。配的詩中也有「千里江陵一日還」，還算貼切。

媽媽說

我是文科生，我父親是理科生，但是，我寫稿子的習慣受到了他的影響，覺得寫東西應該言簡意賅，每篇稿子寫完了，我一定還要再讀一遍，讀的過程中，感覺可有可無的字和詞都刪掉，讓文章儘量地精練。因為我覺得寫東西，最重要的是分享給讀者有用的知識。我特別喜歡外公的文字，因為外公沒有一句文科生那種無病呻吟的東西，情感全部在裡面，含而不露。

孩子像撒種子，時間到了會發芽
有些事不一定要孩子當場懂，但是要告訴他

北京來的小朋友煊煊：

　早上好！

　我們一起去世紀公園參加園遊會。

　一百年是一個世紀，現在是西元二十一世紀。

外公寫於上海

2006 年 5 月 1 日

憶江南　　唐 / 白居易

江南好，風景舊曾諳。

日出江花紅勝火，春來江水綠如藍，

能不憶江南。

媽媽為煊煊注：諳，就是熟悉。

外公說

當時我們住在世界公園旁邊，烜烜看完這封信後，我就給他講解世紀是什麼，告訴他一個世紀正好是一百年。

有些事不一定要孩子當場懂，但是要告訴他，就像撒種子一樣，時間到了就會發芽。孩子吸收了這些資訊，將來自然會慢慢理解的。

媽媽說

孩子特別小的時候，我就在家裡貼了一張中國地圖和一張世界地圖，經常給烜烜看，讓他知道我們所在的北京是這樣一個地方，周圍還有多麼大的區域。後面的信中，外公還寫過諸如「中國北京的小朋友烜烜」的稱呼，來給孩子強調地域觀念。

觀察了細菌之後
孩子就懂得不洗手的危害

煊煊：

晚上好！

我們今天在上海科技館玩得真開心。

這次你看到了細菌的樣子。我們的手上有
很多細菌。吃東西之前一定要好好地洗手。

外公寫

2006 年 5 月 3 日

江南逢李龜年　　唐 / 杜甫

岐王宅裡尋常見，崔九堂前幾度聞。
正是江南好風景，落花時節又逢君。

外公說

那天，我們在上海科技館玩得很開心，孩子在那裡第一次看到了顯微鏡，觀察了細菌。

以前告訴他吃飯之前要洗手，他可能只是被動地服從，但是在觀察了細菌之後，他就懂得了不洗手的危害，所以讓小孩子經常去科技館、博物館這些地方參觀學習是很有好處的。

此外，因為是在上海，跟江南有些關係，所以我就在信裡附上了這首〈江南逢李龜年〉。

教孩子記住節氣
石榴開花時，立夏就到了

煊煊：

　　早上好！

　　今天是立夏，表示夏天到了。

　　夏天荷花開，青蛙叫，小朋友玩水真熱鬧。

外公寫

2006 年 5 月 5 日

初夏即事　　宋／楊萬里

從教節序暗相催，曆日塵生懶看來。
卻是石榴知立夏，年年此日一花開。

外公說

夏天來了，我們帶孩子去荷花湖邊玩。

「荷花開，青蛙叫，小朋友玩水真熱鬧。」這一句是我隨手寫的，寫得像順口溜一樣，當時的情形也確實是這樣的，有很多小朋友在湖邊玩。

媽媽說

詩中提到了石榴，其實我家花園裡就有一株石榴，就在靠近大門的地方。每年五月初的時候它就會開花，所以這樣的詩小孩讀起來是有切身體會的。他看到石榴花開，就知道立夏了，應時應景。

教孩子地理
應景小知識能記得牢

煊煊：

你好！

在橫沙島，我們看到海水是黃色的，不是
藍色的，因為這裡是長江流入大海的地
方，江水中的泥沙把海水染黃了。

外公寫於上海橫沙島
2006 年 5 月 7 日

登鸛雀樓　　唐 / 王之渙

白日依山盡，黃河入海流。
欲窮千里目，更上一層樓。

外公說

橫沙島是上海的一個島，我母親在這島上養老。孩子之前沒去過，這是他第一次去，去看我的母親，也就是他曾外祖母。

在這裡，我順便跟他講解了下有關河流入海口的知識，因為他看到這裡的海水是黃色的，跟他平時在書上看到的藍色大海不一樣，不理解。

讓孩子在柴米油鹽醬醋茶中
也獲得成就感

認識很多字的小男孩煊煊：

你好！

看了這封信後，我和你一起去超市，買鹽，買醬油，還要買白糖。

你幫外公拿白糖，外公拿鹽和醬油。

外公寫

2006 年 5 月 9 日

回鄉偶書　　唐／賀知章

少小離家老大回，鄉音無改鬢毛衰。
兒童相見不相識，笑問客從何處來。

媽媽為煊煊注：衰，在這首詩裡念作「催」。

外公說

在寫這封信之前，孩子從來沒有單獨去買過什麼，也沒有要他在回家的途中拿過什麼東西。

寫這封信的目的就是要讓他學著幹活，有意識地讓他幫忙，拿一個最好拿的東西，雖然他不一定能幫到多大的忙，但是要讓他從小就知道為家人分擔家務。好東西要分享，活也要分著幹，讓他養成這個習慣。

媽媽說

小孩子最愛幫大人幹活了，記得讀完這封信後，煊煊當時很高興地說：「我全部都要做！」回來之後特高興，覺得自己有能力幫助家人了，很有成就感。柴米油鹽醬醋茶，這都是我們在日常生活中天天要用到的；外公信中的每一個佈局都特別有深意。

讓孩子多接觸各種各樣的知識
他才會慢慢知道自己喜歡什麼

喜歡畫畫的小男孩張奕煊：

你好！

今天我們去中國美術館，參觀了俄羅斯藝
術三百年畫展。我們看了很多油畫。

用油調顏料畫的畫叫油畫。用水調顏料畫
的畫叫水彩畫。你現在畫的是水彩畫。

外公寫

2006 年 5 月 13 日

畫　　唐 / 王維

遠看山有色，近聽水無聲。
春去花還在，人來鳥不驚。

🌿 媽媽為煊煊注：王維不僅是有名的詩人，也是一位畫家。蘇
東坡稱讚：「品味王維的詩，詩中有畫；觀賞王維的畫，畫中
有詩。」

外公說

去中國美術館看了畫展後，我就想鼓勵孩子畫畫，看是否能培養他這門興趣愛好。事實上，那個時候他的確很喜歡畫畫。後來，煊煊四歲多的時候還畫了一張自畫像，拿到他媽媽面前說：「這就是我。」媽媽問他：「你為什麼喜歡畫畫？」他說：「因為我很聰明。」

這幅畫對他鼓勵很大，我們還專門去給他裱起來了。可能是因為這是他的第一幅作品，一直到現在他也很重視這幅畫，小朋友來了他也介紹這是他畫的。

媽媽說

家長上網搜索油畫，可能難給孩子清楚明瞭的解釋，因為網上寫得太專業太複雜，三歲的小孩難以理解；外公的解釋就很簡單。煊煊在 2006 年時，僅僅是畫蠟筆畫，後來就開始畫水彩畫，到六歲時就畫水墨畫，也畫過油畫。實際上我並不要求他畫得有多好，外公有一句話，讓孩子多接觸各種各樣的知識，然後孩子會慢慢知道自己喜歡什麼。所以我們只是給他機會去接觸畫畫，並沒要求他一定學到什麼程度。

母親節
一起祝媽媽、外婆和奶奶節日快樂

媽媽的小寶貝大煊：

早上好！

今天是母親節。每年五月的第二個星期日是母親節。

我們一起祝媽媽、外婆和奶奶節日快樂！

外公寫

2006 年 5 月 14 日

• •

遊子吟　　唐／孟郊

慈母手中線，遊子身上衣。

臨行密密縫，意恐遲遲歸。

誰言寸草心，報得三春暉。

媽媽說

母親節那天的禮物我還收藏著。

我有一個抽屜，專門存煊煊給我做的東西。煊煊的禮物都是自己做的，家裡人從來不會給他錢讓他去買禮物，我們都教他：「你是小朋友，禮物要自己做。」所以他給我做過很多。

例如，他畫過畫，做過賀卡，給我做過項鍊、手鍊、戒指，還有鑰匙墜，這些都是他用各種各樣他能找到的材料做的，挺好的；記得有一次他還用楊柳條編了個花環作為禮物送給我。

家長光講大道理
絕不會受小朋友歡迎

好孩子振奕煊:

你好!

昨晚外公給你講了孫悟空大鬧天宮的故事。今天晚上外公給你講豬八戒吃西瓜的故事,你等著聽吧。

外公寫

2006 年 5 月 18 日

易水歌　　戰國/荊軻

風蕭蕭兮易水寒,壯士一去兮不復還!

外公說

現在很多孩子只知道「聖誕老公公」，我覺得這並不好，中國人也應該知道中國人的故事。如果現在的孩子不知道孫悟空、豬八戒，等於說就是不知道中國文化了，因為這是中國文化很重要的一部分。

長得不漂亮、一身缺點的豬八戒，比正人君子唐僧更受小朋友歡迎，因為唐僧只會講大道理。所以，如果家長光講大道理，也不會受小朋友歡迎。

媽媽說

那天晚上，外公主要給他講了兩個故事：一個是《西遊記》裡的，一個是《三國演義》裡的。我感覺外公還是針對孩子的性別來選擇的故事，因為我小時候他給我講的是《紅樓夢》，這很有趣。

好朋友要每天都手拉手出去玩

煊煊：

　你好！

　我們是好朋友，手拉手一起去小花園裡玩，一起做遊戲。

　我們玩得很開心。

外公寫

2006 年 5 月 20 日

春日偶成　　宋 / 程顥

雲淡風輕近午天，傍花隨柳過前川。

時人不識余心樂，將謂偷閒學少年。

外公說

　　我和煊煊基本上每天都手拉手出去玩,其實家長也可以嘗試與孩子手拉手地走,可以增加彼此之間的親密度。寫這封信重點在開心,那天大家都玩得開心。

孩子需要家長多給予肯定

奶奶的乖孫子煊煊：

你好！

今天奶奶過生日，她收到你畫的生日卡片
會很高興的。

外公寫

2006 年 5 月 26 日

⋯⋯⋯⋯⋯⋯⋯⋯⋯⋯⋯⋯⋯⋯⋯⋯⋯⋯⋯⋯⋯

遊子　　唐 / 孟郊

萱草生堂階，遊子行天涯。
慈親倚堂門，不見萱草花。

外公說

其實，我寫這封信之前，煊煊已經把給奶奶的生日卡片畫好了，所以我寫這封信只是想表揚他，告訴他奶奶收到他的生日卡會很高興，給他一種肯定。

孩子需要家長多給予肯定，這對他的健康成長非常有好處。

讓孩子知道分享的真正含義

張奕煊小先生：

早晨好！

今天天氣很好，我們手拉手一起去玩，還要帶兩個蘋果，玩累了一起分享。

外公寫

2006 年 5 月 27 日

絕句　　唐／杜甫

兩個黃鸝鳴翠柳，一行白鷺上青天。
窗含西嶺千秋雪，門泊東吳萬里船。

外公說

之所以稱煊煊為小先生，就是想讓他覺得自己受到了尊重。他爸爸收到的信，稱呼都是先生，現在煊煊也是小先生了，所以他就開始重視自己了。

媽媽說

除了讓孩子覺得自己受到了尊重外，外公寫這封信還想向煊煊灌輸分享的概念，讓他知道分享的真正含義。前面有幾封信都是好朋友手拉手，現在就要學會把好東西分享給朋友，兩個蘋果一人一個。

端午節，請你來吃粽子
讓孩子喜聞樂見傳統習俗

煊煊：

　　今天是端午節，請你來吃粽子。粽子是糯米做的，裡面有各種餡。

外公寫

2006 年 5 月 31 日

．．．．．．．．．．．．．．．．．．．．．．．．．．．．．．

端午節　　現代/俞平伯

晨興才啟戶，艾葉拂人頭。
知是中天近，鄰居為我留。

外公說

　　端午節那天，我實際上想告訴煊煊節氣裡面相關的一些知識，告訴他端午節我們要吃粽子，粽子又是怎麼來的，讓他有一個印象，從而對中華文化習俗有一個了解。

母親有母親的節日
兒童有兒童的節日

煊煊：

　　早晨好！

　　今天是六一兒童節，祝你節日快樂！

外公寫

2006 年 6 月 1 日

• •

池上　　唐 / 白居易

小娃撐小艇，偷採白蓮回。
不解藏蹤跡，浮萍一道開。

外公說

這應該是煊煊第一次，對六一兒童節有一個基本的認識。兩歲大的時候他也知道六一兒童節，但那個時候他可能不太理解，因為當時太小。讀了這封信後他就知道了，母親有母親的節日，兒童有兒童的節日。

媽媽說

煊煊很重視這個兒童節，說：「兒童節了你們送我什麼禮物？」在他看來，母親節他送我禮物了，所以兒童節他也應該收到禮物。前面曾跟他說過，你要祝媽媽節日快樂，你要祝老師節日快樂，兒童節這一天，我們就祝他節日快樂，他聽了很開心。從這以後，他一直很期待這一天。

讓孩子在開開心心中親近自然
春有百花秋有月，夏有涼風冬有雪

張奕煊小先生：

早上好！

一年有四季：春季，夏季，秋季，冬季。

夏季最熱，冬季最冷。

外公寫

2006 年 6 月 6 日

· ·

頌古　　宋 / 釋慧開

春有百花秋有月，夏有涼風冬有雪。

若無閒事掛心頭，便是人間好時節。

媽媽為煊煊注：釋，代表出家人。慧開，是他的法號。

媽媽說

夏天到了，外公跟煊煊講了一下四季的概念，就是想讓他親近自然，一年四季都開開心心。

讓孩子在玩的過程中
學會觀察，加深記憶

喜歡看魚的小男孩張奕煊：

晚上好！

爸爸媽媽帶你去海底世界玩得真開心。

請給我們講一講，海洋裡最大的魚是什麼？

外公寫

2006 年 6 月 10 日

• •

江上漁者　　宋／范仲淹

江上往來人，但愛鱸魚美。

君看一葉舟，出沒風波裡。

媽媽為煊煊注：沒，是破音字，在這讀「ㄇㄛˋ」。

外公說

從海底世界回來後，我問孩子：「海洋裡最大的魚是什麼？」他跟我講：「我知道了。」

其實寫這封信，就是為了讓他學會在觀察的過程中記憶和學習。

媽媽說

三歲多的小孩對動物的圖片記得很清楚，帶他去看真實的動物，可以加深他的印象。所以後來煊煊簡直像是動物百科全書，他能認識很多動物，對不同的動物分得很清楚。

別讓孩子在親人間有親疏之分

小朋友煊煊：

　早晨好！

　爺爺、奶奶，外公、外婆，爸爸、媽媽，
煊煊。我們都是一家人，我們都是好朋友。

外公寫

2006 年 6 月 11 日

· ·

無題　唐 / 白居易

誰道群生性命微，一般骨肉一般皮，
勸君莫打枝頭鳥，子在巢中望母歸。

外公說

爺爺、奶奶是一家，外公、外婆是一家，我們都是一家人。我不想讓孩子覺得，因為跟我們待得久一些，就很親；跟爺爺、奶奶待得少一些，就生疏，所以寫這封信的目的是跟煊煊強調一下，要他跟所有的親人都親近，不要有親疏之別。我覺得這特別重要。

媽媽說

爺爺、奶奶不在時，外公跟他在一起也經常會提到爺爺、奶奶，讓他一樣地對待，告訴他，爺爺奶奶都很喜歡他，讓他體會到一家人的這種親情。從這封信裡可以看出，外公對標點符號也挺重視，用逗號或是用句號都很講究。

一件很小的事
就能教孩子懂得感恩

小男孩煊煊：

早晨好！

爸爸、媽媽給你買了一件新衣服，還買了一雙新鞋。你要記住說：謝謝爸爸！謝謝媽媽！

外公寫

2006 年 6 月 17 日

．．．．．．．．．．．．．．．．．．．．．．．．．

古豔歌　　漢 / 無名氏

煢煢白兔，東走西顧。
衣不如新，人不如故。

🌿 媽媽為煊煊注：無名氏，就是說不知道這個作者的名字。「煢」字，念作「ㄑㄩㄥˊ」，是孤單的意思。

外公說

　　這是開始教他學會感謝父母，以前的信裡我沒有重視過這個問題，這裡開始重視了，要他知道感恩，而且讓他對新舊有個概念。

夏天，可以讓孩子多觀察昆蟲

喜歡昆蟲的煊煊：

早上好！

今天是夏至。

過了夏至，天氣就會變得很熱，知了也要開始叫了。我們一起去花園裡找知了玩好不好？

外公寫

2006 年 6 月 21 日

所見　清/袁枚

牧童騎黃牛，歌聲振林樾。

意欲捕鳴蟬，忽然閉口立。

媽媽為煊煊注：樾，指路旁遮蔭的樹。

外公說

六月的夏天，天氣很好，帶孩子出去玩的時候可以接觸到很多昆蟲。包括蜜蜂，知了，螞蟻等。這段時間他特別喜歡抓蟲，所以我經常帶他出去玩，一是因為每次出去他都玩得很開心，二是我想讓他接觸大自然最好的時候。

媽媽說

春天的時候煊煊就開始養昆蟲了，這時他對昆蟲很感興趣，我給他弄了一個玻璃瓶，他就把抓到的昆蟲養到裡面每天觀察。

孩子到了某個階段，就會學著觀察事物，所以那段時間他養了很多昆蟲，每天都出去捉，什麼都捉過，例如，天牛、知了、螞蟻、小蟲子等。

培養孩子的集體精神
教孩子從小懂得跟別人合作的益處

愛吃水果的煊煊：

你好！

昨天我們一起看螞蟻搬東西。一群小小的螞蟻，大家齊心合力，把一條蟲搬回家了。這條蟲成了小螞蟻們共用的美食了。

外公寫

2006 年 6 月 22 日

閒居初夏午睡起　　宋 / 楊萬里

梅子留酸軟齒牙，芭蕉分綠與窗紗。
日長睡起無情思，閒看兒童捉柳花。

外公說

當我們跟著孩子一起去看小螞蟻時，我就想到，得培養他的集體主義精神，於是就寫了這封信，告訴他，雖然一隻螞蟻很渺小，但是一群螞蟻就能搬走那麼大一條蟲，把牠變為牠們共用的美食。就是想讓他懂得人多力量大的道理，希望將來真正大了以後也像螞蟻一樣，懂得如何跟別人合作。

媽媽說

之前我們還沒有帶煊煊去仔細觀察過螞蟻。帶他去看螞蟻就是想鼓勵他去觀察。

戴「高帽子」
孩子就可能對學習很感興趣

你好！

　　今天是小雨姐姐的生日。小雨姐姐是 2000 年出生的。

　　請你算一下，她今年幾歲了？

外公寫

2006 年 6 月 24 日

蒙學詩　　宋 / 邵雍

一去二三里，煙村四五家，

亭台六七座，八九十枝花。

外公說

　　三歲多的孩子對數學沒有什麼概念，但是我會經常鼓勵他，給他戴高帽，培養他的興趣。我覺得，愛

打籃球的人在烈日下也玩得很開心，不愛打籃球的人
發愛喝的飲料請他們去看也不願意。培養小朋友的學
習興趣才是第一位的，有了興趣才會自己要求學，才
愛學，才學得好。強迫小朋友學習不會成功。

　　從這封信開始我就教他數學了，一開始是教加減
法，後來再逐漸加深難度，所以現在煊煊的數學相當
地好。這首〈蒙學詩〉也是跟數字有關係的，從中文
數位一到十都有出現。

媽媽說

　　這些信裡面其實貫穿了我們中國人的傳統，中國
人很重視家庭氛圍，是家人就是家人，而且還長幼有
序，內外有別，親人就是親人，哪怕是很多年沒有見
也是親人。

　　親人也包括他的堂姐小雨，我們都跟他說這是一
家人。親人裡面不能分親疏。「誰跟我待的時間長我就
跟誰好，誰跟我待的時間少，就是對我不好。」不要讓
孩子產生這種情緒。

在遊戲過程中，提高孩子的
數字感受能力和互助意識

親愛的小朋友大煊：

早晨好！

外公買了跳繩，我們現在就一起去玩。

外公跳，你幫著數數。你跳，外公幫著數數。

我倆一起玩，互相幫助，一定會玩得很開心。

喜歡跳繩的外公寫

2006 年 6 月 26 日

· ·

舟夜書所見　　清 / 查慎行

月黑見漁燈，孤光一點螢。

微微風簇浪，散作滿河星。

🐝 媽媽為煊煊注：「查」作為姓時，念作「ㄓㄚˊ」。

外公說

寫這封信就是鼓勵煊煊學數學，培養他的數字感
受能力。不光是這樣，我還讓他意識到這是好朋友之
間在互相幫助，一起開心地玩。

媽媽說

我感覺外公的教育特別好，不光是教育煊煊，包
括在教育我的時候，他不會在一開始就灌輸理念，畫
一個圈告訴你必須怎麼樣。

他的教育方式一直都是循循善誘的，無形間就把
自己的理念滲透了，讓你不自覺就學到了東西，整個
過程還特別高興，以為這些都是自己的成果。

進行挫敗教育
玩遊戲不能總是讓孩子贏

喜歡吃水果的小男孩大煊：

你好！

今天我倆去玩丟石子遊戲：在地上畫一個大圈，誰把石子丟進圈裡就得一分。最後，看誰得分最多，誰就是勝利者。

我希望我是勝利者！

外公寫

2006 年 7 月 3 日

塞下曲　唐/盧綸

林暗草驚風，將軍夜引弓。

平明尋白羽，沒在石棱中。

媽媽為煊煊注：沒，是破音字，在這要念成「ㄇㄛˋ」。

外公說

玩遊戲不能總是讓孩子贏，有時候我會讓著他，但我也要贏幾盤，讓他感受到一點挫敗的感覺，對他進行挫折教育。

過去，我曾在報紙上看到一個成績很好的學生，考上了清華大學（考上清華的人，差不多都是中學在班裡面長期得第一名的學生），可到了清華以後，他有一次考試落到了全班的後幾名，因無法接受，結果自殺了。所以，我就很重視對他抗壓能力的培養。

媽媽說

其實，剛開始看到外公跟煊煊玩這種丟石子的遊戲時，我們都覺得好幼稚，但沒想到孩子玩得很開心，而且簡單易學。外公在地上畫一個圈，然後他倆就往裡面丟石子，可以玩半天。後來外公跟我說：「這其實也是在教煊煊數數。」我才知道外公的用心良苦。

 **教給孩子一聽就明白的知識**

聰明的小男孩振奕煊：

　　今天是小暑。暑是熱的意思，小暑就是小
熱，還不是很熱。

　　夏天天熱，所以夏天學生放的假叫作暑假。

　　下星期幼稚園就開始放暑假了。

外公寫

2006 年 7 月 7 日

曉出淨慈寺送林子方　　宋／楊萬里

畢竟西湖六月中，風光不與四時同。

接天蓮葉無窮碧，映日荷花別樣紅。

媽媽說

外公介紹節氣和暑假的方式很好理解，意思很明確，感覺兒童一聽就能明白，我覺得特別適合給兒童講解。

放風箏時可以教孩子什麼

一天天長高的小男孩振奕煊：

你好！

昨天外公看見有人在放風箏，很好玩。今天他們可能還要放，我們一起去看。

以後，我們也去買一個風箏，我們一起去放。

外公寫

2006 年 7 月 8 日

· ·

村居　　清 / 高鼎

草長鶯飛二月天，拂堤楊柳醉春煙。
兒童散學歸來早，忙趁東風放紙鳶。

🐝 媽媽為煊煊注：鳶，就是老鷹。古代把風箏稱為「紙鳶」。風箏是紙做的，像老鷹一樣可以飛得很高，所以叫作紙鳶。

外公說

這是帶孩子去看別人放風箏，他還太小，不會放風箏，只能在一旁看。

一定要早點培養獨立能力
因為孩子總有一天要離開家長

勇敢的小男孩振奕煊：

　　明天你就要去參加夏令營了。

　　你將和小朋友們一起住在夏令營。這是你第一次在外面住宿，這表示你長大了，可以自己睡覺，自己起床穿衣服了。

　　預祝你在夏令營玩得開心！

外公寫

2006 年 7 月 14 日

· ·

別董大　　唐／高適

千里黃雲白日曛，北風吹雁雪紛紛。
莫愁前路無知己，天下誰人不識君。

外公說

讓煊煊去夏令營是一件大事，因為這是他第一次獨自離家在外面住，全家人都非常重視這件事情，意見並不統一。

我想讓他去，因為我覺得孩子總有一天要離開家，一定要讓他從小得到鍛鍊，讓他知道自己長大了，可以自己睡覺自己起床穿衣服了，這次夏令營的活動能培養他的勇氣。那首詩中「莫愁前路無知己，天下誰人不識君」這兩句話，就是讓他感覺自己很勇敢。

媽媽說

當時他才三歲，爺爺奶奶有點不放心送他去夏令營，捨不得，因為家裡人都不可以陪同，只有他們老師帶著。為了這件事我們開了三次家庭會議，最後全家人才一致決定讓他去。當煊煊收到這封信的時候，並沒有這個概念，以為每天只是離開家人跟小朋友們出去玩，晚上會回來睡，等他去了夏令營他才知道：哇，沒有家人在，我一個人在外面過夜。這對三歲的孩子來說真是一次冒險的經歷。

孩子在外
要讓孩子感受到家人的想念

大煊：

你好！

媽媽給你寫了一封信，請張老師念給你聽。

你已是一個懂事的大孩子了，全家人都喜歡你。

在夏令營裡你進步很大，要謝謝各位老師。

全家人都很好，都在等你回來講故事。

祝你快樂！

外公寫

2006 年 7 月 17 日

采葛　　詩經

彼采葛兮，一日不見，如三月兮！

彼采蕭兮，一日不見，如三秋兮！

彼采艾兮，一日不見，如三歲兮！

外公說

因為怕煊煊在夏令營會想家，所以我就寫了一封信，叫老師念給他聽，這樣就讓他感覺到我們會關心他，他和我們在一起。配上這首詩也是告訴他，一日不見如隔三秋，我們都很想念他。

如果大人擔心這、擔心那
小孩子會感受到大人的負面情緒，也會受到影響

大煊：

　　祝賀你被評為夏令營「最勇敢小營員」！
今天爸爸媽媽去參加了夏令營的閉營活
動，老師們都誇你在夏令營表現非常好，
晚上睡覺沒有哭，每天都玩得開心，去農
場採摘了瓜果，還學會了包餃子。

外公寫

2006 年 7 月 19 日

⋯⋯⋯⋯⋯⋯⋯⋯⋯⋯⋯⋯⋯⋯⋯⋯⋯⋯⋯⋯⋯⋯⋯

子夜四時歌夏歌（之八）　　南朝民歌

朝登涼臺上，夕宿蘭池裡。
乘月采芙蓉，夜夜得蓮子。

外公說

　　煊煊是夏令營裡面年紀最小的，結果他被評為最勇敢的小營員。那個獎是名副其實的，因為其他小孩全都哭了，只有他沒有哭。他在夏令營裡還拍了很多照片，包餃子時都是笑咪咪的，舉著包好的餃子特別開心。

媽媽說

　　外公的信裡根本就不問煊煊在夏令營吃得怎麼樣，穿得怎麼樣，其實這就是一種鼓勵，表明我們信任他能處理好這些事情。

　　大人沒有表現出擔憂，小孩子也就不會去擔憂，孩子反而會感覺到這是好事，如果大人擔心這擔心那，小孩子就會感受到大人的負面情緒，情緒也會受到影響。

 **用鼓勵的方法培養孩子的勇氣**

勇敢的小小男子漢煊煊：

你好！

天上已經烏雲密佈，可能過一會兒就要雷聲隆隆，下傾盆大雨了。

打響雷時，媽媽膽小，可能害怕，你是勇敢的小男孩，趕快去照顧她，告訴她，有你保護她，有你在她身邊，再響的雷也不要怕。

謝謝你！勇敢的小小男子漢。

也有點怕響雷的外公寫

2006 年 7 月 22 日

夜聞雷雨大作　宋 / 陸遊

暗空霧雨無時已，卷地風雷卻是晴。

九十老翁更事久，寄言兒女不須驚。

外公說

因為小孩一聽到打雷就會哭，我就鼓勵他不要害怕，但是找了一個藉口說媽媽膽小，而且外公也怕響雷，大家都是一樣的。讓他慢慢知道打雷會很響，怕響雷是正常的。

這樣一來，他就會想：「原來媽媽和外公也會害怕打雷，也許我還比媽媽和外公勇敢一些，我只是小小的害怕，他們可能很害怕。」就這樣，我們給煊煊戴上一個「高帽子」，正面去引導他，讓他知道保護大人，讓他有責任感。

媽媽說

我兒子小時候偶爾會拍著我說：「小媽不要怕。」我就很奇怪：「為什麼叫小媽？」後來我明白了，因為我們都叫他小煊，他就覺得「小是一個可愛的意思」，所以會說：「小媽不要怕。」表現出一種小小男子漢的責任感。

 一定要學會
在小細節上滿足孩子

小男孩振奕煊：
今天是大暑。
小暑代表小熱，大暑代表大熱，是一年中
最熱的時候。
外公去超市買東西領到了一把小扇子，送
給你，熱的時候搧一搧風就涼快了。

外公寫
2006 年 7 月 23 日

赤日炎炎　　宋代民歌

赤日炎炎似火燒，野田禾稻半枯焦。
農夫心內如湯煮，公子王孫把扇搖。

外公說

這把扇子是我去超市買東西領的，記得上面還印著超市的廣告，回來後就隨手送給煊煊了。對小孩而言，這就是一個玩具，他十分喜歡。

我曾經給煊煊講過一點《水滸傳》，例如武松打虎的故事。這首詩在書裡出現過，算是給他加深印象。

媽媽說

過了好多年，煊煊還一直把這把扇子藏在他抽屜裡，因為這是外公送給他的小扇子。可見小孩多麼容易滿足，其實只需要家人稍微關心他們一點，他們就會感受到並珍惜這種愛。

在捉蝴蝶的過程中提高觀察能力

愛學習的小男孩煊煊：

你好！

外公今天用鐵絲、紗布和一根細竹竿做了一個捕蟲網，今天我們一起去小花園裡捉蝴蝶，好不好？

蝴蝶有一對大大的翅膀，翅膀上有美麗的花紋，在空中飛來飛去，漂亮極了。

希望我們今天玩得開心。

愛看書的外公寫

2006 年 7 月 27 日

宿新市徐公店　　宋 / 楊萬里

籬落疏疏一徑深，樹頭花落未成陰。
兒童急走追黃蝶，飛入菜花無處尋。

外公說

前面寫上「愛學習的小男孩」是為了鼓勵他在抓蟲的過程中認真觀察、學習。

媽媽說

煊煊會仔細觀察不同的蝴蝶，包括蝴蝶翅膀上有什麼東西。甚至他還會觀察外公是怎麼做捕蟲網的，那個捕蟲網到現在他還留著。在外公看來，自己做的玩具更好玩，回歸自然比什麼都好。

教給孩子一些天文學知識
孩子以後才會自己抬頭去觀察星空

煊煊：

　　今天是一個節日，叫「七夕」。

　　在天上，有兩顆星星，一顆叫作牽牛星，一顆叫作織女星。它們中間隔著一條銀河。傳說，牽牛星是一個放牛的牛郎，織女星是一個會織布的仙女。他們只能每年七夕見一次面。

外公寫

2006 年 7 月 31 日

秋夕　　唐／杜牧

銀燭秋光冷畫屏，輕羅小扇撲流螢。
天階夜色涼如水，臥看牽牛織女星。

外公說

那天晚上我們的運氣不錯，滿天繁星。我指著星

空告訴煊煊哪一顆是牛郎星，哪一顆是織女星，哪裡是銀河，讓他瞭解一些天文學知識，一老一小玩得很開心。後來有一天晚上我帶他去超市買東西，路上我朝天上看，他也停下來，跟著我一起看，然後一臉興奮地跟我說哪裡是哪個星座，當時我很驚訝他能記得這麼牢。現在的孩子，真正觀察星空的少了，我覺得，家長應該教給孩子一些天文學知識，只有這樣，孩子以後才會自己抬頭去觀察星空。如果你不教，他可能永遠都不知道。自從這個事情以後，煊煊就喜歡上了天文上的東西，所以說一件小事，就可能引起孩子一方面的興趣。我也在他的書房裡，看到不少天文學方面的書。所以，家長可以告訴孩子一些新的東西，不一定非要他們感興趣，能夠啟發孩子就好。

媽媽說

　　其實家長完全可以手繪一下星空，先畫一下銀河，然後把牽牛星和織女星畫出來，具體怎麼畫，家長可以去網上搜索一下。教會孩子這些，可以培養孩子探索自然的興趣和對神秘宇宙的嚮往之情。

孩子們玩的時候
家長要稍微離得遠一點

煊煊：

你好！

今天我們去兒童遊樂場和小朋友們一起玩。

小朋友在一起玩，大家都開心。

外公寫

2006 年 8 月 5 日

涼州詞　　唐 / 王翰

葡萄美酒夜光杯，欲飲琵琶馬上催。

醉臥沙場君莫笑，古來征戰幾人回。

外公說

寫這封信是鼓勵他和小朋友一起玩兒,鼓勵他與別人交流。

我覺得,孩子之間的交流很重要,所以孩子們玩的時候,我們就稍微離得遠一點,讓他們自己玩,我們不參與,注意他們的安全就行。這樣子小朋友玩得才起勁,大人去參與就不同了,因為有人管著跟沒人管著的孩子是不一樣的。除非發生一點過分危險事情的時候,或者他們要打起來了,大人可以去管一下。

所以說,有一些同班的、同一個幼稚園的孩子經常會一起去玩,家長們提前打個電話,說一聲就可以了。

讓孩子明白「立秋」的意義

煊煊：

　　今天是立秋。

　　立是開始的意思，表示秋天開始了。

　　立秋要「貼秋膘」，就是要多吃一些有營養
的東西，讓身體長得壯壯的，冬天就不怕
冷了。

外公寫
2006 年 8 月 7 日

立秋　　宋/劉翰

乳鴉啼散玉屏空，一枕新涼一扇風。
睡起秋色無覓處，滿階梧桐月明中。

外公說

　　為了告訴孩子立秋的意思，我還仔細地去查字典，生怕弄錯了。北京的說法是立秋要「貼秋膘」，四川、上海沒有這個說法。

　　那一天我們鼓勵他多吃一點東西，這個當然和秋天到了有關係，立秋嘛，就是要為寒冷的冬季儲存能量。

一定要讓孩子學會游泳

愛運動的小夥子張奕煊：

　　早上好！

　　今天天氣很熱，下午我倆一起去游泳。游泳池裡很好玩，也很涼快。

　　學會游泳就是學會一種本領，你想，不會游泳的人不小心掉進河裡多危險呀。

外公寫

2006 年 8 月 12 日

豫章東湖　　宋／戴復古

亭亭綠荷葉，密密罩清波。

為見湖光少，卻嫌荷葉多。

外公說

我覺得一定要讓孩子學會游泳，游泳不僅僅是一

個鍛鍊身體的方式，也是一種生存的能力。學會游泳等於學會了一種防身本領，不可小視。現在學校裡會教孩子發生火災怎麼逃生，地震怎麼逃生，其實教會孩子游泳也同樣重要，特別是住在離河不遠的家庭。

媽媽說

外公曾經救過三個溺水的小孩。當時一個小孩掉水裡了，另外兩個小孩就想去把他拉上來，但是溺水的人會有強烈的本能反應，會緊抓住人不放，結果岸上的兩個小孩都被拉下去了。所以培養孩子的安全意識也很重要。

我記得我很小的時候就已經會游泳了，外公就教我：「在對溺水者施救時，一定要從後面托這個人，因為如果從前面救他，他就會抱住你。」外公還告訴我：「如果對方已經溺水了，在神志不清地掙扎，必要的時候你可以把他打昏，再把他拖上來，這樣才能救他。」

其實我也可以說近似於救了一個人，有一次我在北戴河海濱游泳，後面一個男的說他抽筋了，向我求救，於是我就從後面托著他，把他給救上了岸。

如何讀字能儘快識字

你好！
　　你是一個好孩子。你的童車是「好孩子」。
好孩子坐「好孩子」童車，「好孩子」童車
好孩子坐。
　　今天這首詩很有趣，要順時針轉著圈念，
你會念嗎？

外公寫
2006 年 8 月 18 日

賞花　　宋 / 蘇軾

賞花歸去　　　　答案：
暮　馬　　　　　賞花歸去馬如飛，
已　如　　　　　去馬如飛酒力微。
時　飛　　　　　酒力微醒時已暮，
醒微力酒　　　　醒時已暮賞花歸。

外公說

這件事情挺有趣，當時家裡給孩子買了一輛童車，牌子就叫「好孩子」，所以我就隨手編了兩句話，有點順口溜的味道，也有點像繞口令，讓他念著玩，很有趣。

我讓他從最後一個字念到第一個字，他真的念出來了，一個一個念，其實有些字他不太會，但他很聰明，有他的方法——聯繫上下文。

比方「你的童車是『好孩子』牌」，這個「童」字他不認識，但是他能猜到他的車是童車。但是我就想了一個辦法，讓他倒著念，這樣他就能真正學會每一個字，而不是結合上下文去猜了。會念之後，他還念給別人聽，別人也覺得很有趣。

讓孩子倒著念句子
培養最欠缺的逆向思考能力

小小男子漢張奕煊先生：

早晨好！

今天這封信很短，請你從最後一個字倒過
來念到第一個字。

外公寫

2006 年 8 月 22 日

菩薩蠻 回文　　元 / 李晏

斷腸人去春將半，半將春去人腸斷。
歸客倦花飛，飛花倦客歸。
小窗寒夢曉，曉夢寒窗小。
誰與畫愁眉，眉愁畫與誰。

外公說

這是一首很有名的倒著念的詩,「斷腸人去春將半」,倒著念就是「半將春去人腸斷」,挺好玩的。我的另一個小外孫南南,現在有時候也會這樣,我們住在淞滬路旁邊,他就說路滬淞,這三個字他全認識,因為天天出門就看到這個路牌,淞滬路,路滬淞,倒過來念很好玩。

媽媽說

這首詩的每一句,倒過來讀還是一句詩,這叫作「回文詩」。昨天的〈賞花〉詩也是一種回文詩。

其實讀這首詩可以培養孩子的逆向思維,而我們最欠缺的就是逆向思考的能力,多讀讀這樣的詩可以豐富孩子思考問題的方法。當然外公為了找這樣的詩也花費了一些心血。

培養剛上幼稚園孩子
條理性和表達能力

親愛的大煊：

你好！

幼稚園就要開學了，你可要做好準備喲。

一是要認認真真地洗個澡，請外公給你剪好手指甲，腳趾甲，然後穿上乾淨衣服去上學。

二是把你在假期內聽到的好聽的故事講給小朋友們聽，跟大家分享。

三是把幼稚園裡有趣的事講給外公聽，讓外公也笑口常開。

祝你玩得開心。

你的好朋友外公寫

2006 年 8 月 27 日

蠶婦　宋 / 張俞

昨日入城市，歸來淚滿巾。

遍身羅綺者，不是養蠶人。

外公說

孩子要開學了,所以這封信裡,我特意給煊煊標出一、二、三,讓他學會有條理地辦事,第一做什麼,第二做什麼,第三做什麼,檢查的時候也是按一、二、三檢查,按學校的要求來。我給煊煊說了這些以後,他回來會把幼稚園有趣的事講給家裡人聽,也會把家裡的事情跟小朋友們講一些,開始講的時候可能不那麼可笑,也講得不全,但是仔細給他分析一下,第二次他再講往往就全了。

媽媽說

其實這就是孩子正式開始上幼稚園了,外公開始培養孩子的一種歸納問題和組織材料的能力,還有孩子的表達能力,把聽到的事歸納組織,講給別人聽,而且表達的東西還要讓人家覺得好玩,這個需要一定的表達技巧。

 培養孩子的安全意識

勇敢的小男孩展奕煊：

你好！

天氣預報最近有雷陣雨。

天上出現一道閃電後，緊接著就雷聲隆隆，聽到雷聲，我們就趕快回家，閃電雷聲都挺嚇人的，回到家中就放心了。

外公寫

2006 年 8 月 29 日

望湖樓醉書　　宋／蘇軾

黑雲翻墨未遮山，白雨跳珠亂入船。
卷地風來忽吹散，望湖樓下水如天。

外公說

寫這封信是想讓孩子變得勇敢一點，還有提醒他注意安全。如果天氣預報有雷陣雨，那麼打雷的時候就不要打傘，也不要躲到樹下，這是常識。信裡寫的比較簡短，只是讓他先回家，回家再說，其他的不要談，聽到雷聲就應該回家，回到家才是最安全的。

附上這首詩也是為了應景，詩裡面的情景跟下雨之前的情景挺像的，讓他瞭解一下。天上如果有黑雲，我就會跟他說，天上黑雲都起來了，風也刮起來了，一會兒就要下雨了，就要回家了，教他學會辨識什麼時候會下雨。

媽媽說

後來煊煊就是這樣，看到要下雨了，他就直接回家，不在外面長時間逗留，即便在外面玩，也不會離家太遠，這種安全意識在他心裡從小就樹立起來了。

 **培養發現問題和解決問題的能力**

一天天長大的好孩子煊煊：

　　早晨好！

　　給你講一個笑話：有一個人說鹹蛋是鹹鴨
子生的。

　　你知道鹹蛋是怎麼做的嗎？等一會兒外公
告訴你。

外公寫

2006 年 9 月 3 日

憫農　　唐 / 李紳

春種一粒粟，秋收萬顆籽。

四海無閒田，農夫猶餓死！

外公說

那天正好家裡吃了鹹鴨蛋，於是我就想起一個笑話，給他講笑話的同時，順便告訴他鹹鴨蛋是怎麼做的，他就感興趣了。

看完信後他沒有直接來問我，而是先去問別人，再來告訴我：「我知道怎麼做的了。」後來煊煊還幫著家人做過鹹鴨蛋。所以說，孩子很多好的習慣其實都是家長培養出來的，寫這封信就是為了培養他發現問題和解決問題的能力，激發他主動學習的積極性。

 用「暗示法」教孩子主動感恩

幼稚園的好學生張奕煊：

　　這個星期天是九月十日，是教師節。教師節，是老師的節日。

　　到幼稚園見到張老師她們，記住跟她們說：「老師，節日快樂！」

外公寫

2006 年 9 月 8 日

芙蓉樓送辛漸　　唐／王昌齡

寒雨連江夜入吳，平明送客楚山孤。
洛陽親友如相問，一片冰心在玉壺。

外公說

教師節到了，我就告訴煊煊應祝福老師，讓孩子學會感恩。信的開頭稱呼是「幼稚園的好學生張奕煊」，暗示他是一名好學生，好學生應該懂得感恩。

媽媽說

後來煊煊每到教師節都不用我們提醒，會給老師做卡片，老師們都很喜歡他，誇他懂事。

用「循循善誘」讓孩子明白
什麼是好朋友

小男孩煊煊：

你好！

你是外公的好朋友，外公也是你的好朋友。

好朋友，手拉手，一起走。好朋友，一起玩，一起樂。

外公愛你，你也愛外公，我們是好朋友。

外公寫

2006 年 9 月 9 日

玉階怨　　唐／李白

玉階生白露，夜久侵羅襪。

卻下水晶簾，玲瓏望秋月。

媽媽說

寫這封信在教他什麼是好朋友，後面還有酒肉朋友、能幹的好孩子，等等，這些都是外公採用的循循善誘法。

讓孩子學會自己
穿衣、穿鞋、洗臉……

小朋友張奕煊：

早晨好！

昨天晚上睡得很香吧！

你是一個能幹的好孩子，自己穿衣服，自己穿鞋，自己洗臉……自己的事自己做，你越來越能幹了。

外公寫

2006 年 9 月 15 日

苔　　清／袁枚

白日不到處，青春恰自來。

苔花如米小，亦學牡丹開。

外公說

其實孩子三歲多一點的時候穿鞋不會繫鞋帶，衣服也穿不好，還不願意洗臉，但是我要鼓勵他：「你是

好孩子，很能幹。」他外婆經常說我給孩子戴高帽子，可我認為對孩子就是要多鼓勵，越是鼓勵，孩子越肯學。這樣的教育方式比強制要求孩子去做什麼效果要好得多。

所以說，我們家長要在其他家長和小朋友面前多表揚一下自己的孩子，例如：「你看，這身衣服是我們家煊煊自己穿的，鞋也是他自己穿的，今天他還自己給自己洗了臉。」孩子聽了就會覺得很光榮，你越是表揚他，他越是肯好好表現。

媽媽說

這一點我十分贊同，記得當時外公帶著孩子的時候，孩子就自己做一些事情，一旦阿姨帶他的時候他就不做了，因為阿姨總是會催：「快點，你要做這個，做那個，不來做的話大老虎會來咬你。」

煊煊聽了就會有抵觸心理：「我就不做。」所以對於孩子，鼓勵比壓制效果要好得多。這首詩放在這裡也很貼切，「苔花如米小，亦學牡丹開。」就是想讓孩子意識到：「雖然我年齡小，但我是個小大人。」

用講故事的方式
讓孩子知道說謊的嚴重性

好孩子煊煊：

早晨好！

昨天晚上做了一個好夢吧。

你是一個好孩子，你很喜歡聽故事，下午外公講一個《狼來了》的故事給你聽。等著吧！

外公寫

2006 年 9 月 21 日

易水送別　唐 / 駱賓王

此地別燕丹，壯士髮衝冠。

昔時人已沒，今日水猶寒。

🌸媽媽為煊煊注：沒，是破音字，在這要念成「ㄇㄛˋ」。

外公說

　　給孩子講《狼來了》的故事主要是想教育他「不要說謊」，因為孩子一般會耍點小伎倆，煊煊也不例外。我先把故事的名字告訴煊煊，引發他的興趣，當時煊煊很期待。這種故事在中國也傳了千百年了，我總覺得應該讓孩子多知道一些這樣的故事，因為這裡面蘊含著中國的傳統文化。

媽媽說

　　外公肚子裡有很多小孩的故事，而且是教育性質的。那時煊煊正好是三歲半，很喜歡吃香蕉，家裡發生過一件小事：煊煊早上起來，外公給他吃了一根香蕉；等到上午阿姨看到他的時候，阿姨說：「煊煊來吃根香蕉吧。」他就又吃了一根；中午的時候，我見到他，問他：「你今天還沒吃香蕉吧？來吃一根。」他也不吭聲，高高興興地吃了一根。

　　一天下來，我們才發現這孩子吃了太多香蕉了。所以說教導孩子要坦誠，要說真話很有必要。

不要直接多給
家長可以把自己一份好吃的食物再分部分給小孩

講禮貌的小男孩大煊：

早晨好！

你知道嗎，同一盒月餅裡每一塊都有不同
的味道，為了讓大家都能品嘗到各種味道
的月餅，外婆有一個好辦法，她把每一塊
月餅都切成小塊，這樣，大家都可以分享
每一種口味的月餅了。哈哈。

切好的月餅已經在喊：「煊煊，快來吃。」

外公寫

2006 年 9 月 30 日

關山月　　唐／李白

明月出天山，蒼茫雲海間。
長風幾萬里，吹度玉門關。

外公說

家中人都是平等的，有好吃的就應該分享，每人都有相同的一份，家長可以把自己的一份再分一部分給小朋友。這與直接多分點給小朋友有很大的差別。

媽媽說

外公信中的最後一句話很有創意：「切好的月餅在喊煊煊快來吃」，特別擬人化，跟童話一樣，很有趣。

對孩子來說，看到這樣的信心裡一定很開心，吃的時候也就開心。而且，外公在這裡強調了分享的概念，這麼小的事情都能把孩子向好的方面引導，這很難得。

保護外公安全過馬路
小小男子漢，過馬路一定要緊緊拉著外公的手保護

親愛的外孫大煊：

你好！

你是一個小小男子漢了，過馬路時一定要緊緊拉著外公的手，保護外公安全過馬路。外公是老年人了，你要提醒外公走人行道，過馬路要走斑馬線，紅燈停，綠燈行。謝謝你！我最好的朋友。

已經六十六歲的外公寫

2006 年 10 月 4 日

登樂遊原　　唐 / 李商隱

向晚意不適，驅車登古原。
夕陽無限好，只是近黃昏。

外公說

這是提升孩子的主動意識，培養他的責任感。記得那天他回來還跟別人講：「我拉著外公的手過馬路，我很能幹。」覺得應該讓孩子意識到，他有責任孝敬長輩。

用古代人的話來說，兒子不孝，跟父母從小的教育有一定的關係。所以孩子的孝道應該從小教育，如果孩子大了不孝敬父母，父母自己應該反思一下，你是不是在孩子小的時候對孩子的教育有缺失，你不能說等到自己老了，孩子不管你了，就把問題全推到孩子身上。

媽媽說

煊煊現在和外公的感情好得不得了，對長輩也十分尊敬，這跟外公從小培養他的孝心有關。

獎品對孩子的意義
不在於多少，在於「獎品」這兩個字

勇敢的小小男子漢張奕煊先生：

　　早晨好！

　　人類離不開水，沒有水我們就無法生活了。
水的用途很多很多，水是很寶貴的資源。
請你說說水的用途，說出五種以上就有獎
勵。獎品是一個大蘋果，已經放在圓桌上
了。

外公寫

2006 年 10 月 9 日

望廬山瀑布　　唐／李白

日照香爐生紫煙，遙看瀑布掛前川。
飛流直下三千尺，疑是銀河落九天。

外公說

因為水的用途很容易就能讓人想到洗碗、洗衣服、洗杯子等，所以我對煊煊說洗東西只能算是水的一種用途。聽了我的要求後，他開始仔細思考，最後的獎勵是一個蘋果，他很開心。後來有一些家長還跟我說，他們家把吃蘋果作為任務來要求孩子，孩子還不肯吃。當成獎勵給孩子，孩子反而肯吃了，還吃得很開心。我覺得獎品對孩子們的意義，不在於多少，在於「獎品」這兩個字。

媽媽說

小時候，我的一些同學都喜歡到我家玩，外公就走過來對我們說：「小朋友們，我們來做個遊戲吧。」有大人陪著我們做遊戲，我們當然很開心。結果外公就出很多智力題，說做完了以後有獎品，比方說：「誰要贏了，來，獎勵你一張草稿紙。」然後小朋友就特高興拿著紙回家，告訴大人今天我在誰家得了獎品。我們長大了以後，那些同學還拿這個事跟我開玩笑。所以對小孩子來說，獎品的價值並不重要，重要的是它代表了一種肯定和鼓勵。

退步原來是向前
用孩子的好奇心讓他愛上鍛鍊

好奇心很強的小朋友大煊：

你好！

趕快準備好，我倆一起去玩倒著走路的遊戲。

倒著走路也很有趣，人不斷地往後退。可是後腦勺上沒有長眼睛，一不小心，可能會撞到大樹。倒退得太快，還可能摔跤。

試試看吧，倒著往後走一定很有趣。

外公寫

2006 年 10 月 13 日

插秧詩　　唐 / 布袋和尚

手把青秧插滿田，低頭便見水中天。

心地清淨方為道，退步原來是向前。

外公說

我之所以教煊煊倒著走路，是因為這樣做能鍛鍊身體。當時的報紙上提倡以倒著走路的方式來鍛鍊，我覺得小孩也應該倒著走。

他對這種鍛鍊方式十分好奇。那天我們在草地上倒著走，這樣即便摔倒問題也不大，他覺得很有趣，之後還跟其他人說：「我會倒著走，你會不？」他覺得倒著走也是一種本事。

媽媽說

倒著走可以鍛鍊人體不同部位的肌肉，關鍵是外公還教了他安全常識，告訴他不要撞到樹，不要圖快，教完了以後再帶他出去鍛鍊的，選的地點也很安全。

好朋友，手拉手
酒肉朋友，吃了肉，喝了酒，就分手

煊煊：

早上好！

好朋友，手拉手。酒肉朋友，喝了肉，吃了酒，就分手。哈哈，說錯了，應該是：吃了肉，喝了酒，就分手。

我倆是好朋友，手拉手。

外公寫

2006 年 10 月 15 日

峨眉山月歌　　唐 / 李白

峨嵋山月半輪秋，影入平羌江水流。
夜發清溪向三峽，思君不見下渝州。

外公說

這是在跟煊煊講酒肉朋友的概念，告訴他酒肉朋友不好，光吃喝在一起的不是真朋友。我覺得教他一下有好處，所以當時就這樣寫了，後面的信中會逐步深入跟他探討朋友的話題。

培養孩子分享意識和表達能力

愛聽故事的小小男子漢振奕煊先生：

早晨好！

昨天晚上外公給你講了諸葛亮草船借箭的故事，今天你可以講給爸爸、媽媽聽。

今天晚上外公給你講孫悟空三打白骨精的故事。

我們約定，外公給你講的故事，你一定要講給別人聽。不然，外公就不講新故事給你聽了。

也愛聽故事的外公寫

2006 年 10 月 19 日

八陣圖　　唐 / 杜甫

功蓋三分國，名成八陣圖。

江流石不轉，遺恨失吞吳。

外公說

那天早晨我先跟他講草船借箭，然後再講三打白骨精，這些傳統的故事特別精彩，都是我自己從小就聽的故事，我覺得，應該把這些故事一代一代傳承下去。當然，還有很多其他的故事我也有給煊煊講。

媽媽說

我們還跟煊煊約定，聽過的故事一定要給別人講，以此培養他的分享意識和表達能力。

 # 用遊戲教孩子懂得保護眼睛

一天天長大的小夥子大煊：

你好！

昨天我倆做了蒙眼走直線的遊戲，走著走著就走歪了。蒙著眼走路真難，要是眼睛瞎了，永遠看不見東西了，那可太苦了。

太強的光線會傷害眼睛，不能對著太陽看，不能看燒電焊的強光……

好好保護自己的眼睛。

外公寫

2006 年 10 月 23 日

眼病（節選）　唐／白居易

散亂空中千片雪，蒙籠物上一重紗。

縱逢晴景如看霧，不是春天亦見花。

外公說

帶孩子蒙眼走的主要目的是教他保護眼睛，通過

做遊戲，讓他切實體會到眼睛的重要性，比直接教他保護眼睛效果更好。

做完遊戲後可以提醒他說：「萬一你受傷了，看不見了，怎麼辦？」孩子聽了後，在保護眼睛方面就能自覺起來。記得我們小區裡面有個小女孩，因為意外失去了一隻眼睛。當時我覺得太可怕了，就把這件事作為了教育煊煊保護眼睛的契機。

現在的家長應該重視對孩子的安全教育，可以採用一些小遊戲，來讓孩子知道安全的重要性，這與純粹只靠強迫來讓孩子聽話的效果截然不同，因為這能讓孩子有切身體會。

媽媽說

外公的確用心良苦，信裡所附的每首詩都是有講究的，比方說白居易的詩比較適合兒童讀，所以選得較多。像杜甫的詩比較難懂，就用得少一點。

這個階段外公還經常強調一些安全性知識，因為這是孩子好奇心最強的時候，關鍵是他上幼稚園了，很多時候不在我們眼前了，更要讓他注意安全。

 ## 讓孩子能夠區分西曆和農曆

煊煊：

你好！

今天是西曆的十月二十四日，是農曆的九月初三日。

西曆是現在全世界人公用的日曆，農曆是古代中國人用的日曆。

我們讀古代的詩，古代的故事，裡面說的日期都是農曆的日期。

外公寫

2006 年 10 月 24 日

農曆九月初三

暮江吟　　唐／白居易

一道殘陽鋪水中，半江瑟瑟半江紅。

可憐九月初三夜，露似真珠月似弓。

媽媽為煊煊注：瑟瑟，是碧綠色。真珠，就是珍珠。

外公說

這是開始教煊煊西曆和農曆有什麼區別了,現在
有些家長不重視中國的農曆,當然孩子也不重視。其
實農曆屬於中國的傳統文化,我們不應該丟棄它。

媽媽說

農曆的巧妙在於它是陰陽合曆,其中,二十四節
氣是按太陽曆計算的,而傳統節日則是按月亮曆計算
的。我請教過天文學專家,他說只有中國的曆法是陰
陽曆合在一起用的。

用講故事讓孩子知道蛀牙可怕

小朋友張奕煊：

你好！

外公講一個沒牙齒的大老虎的故事給你聽：
有一隻老虎，很喜歡吃糖，牠天天吃很多
糖，慢慢地牠的牙齒全壞了，一顆一顆地
全部掉了，變成了一隻沒牙齒的大老虎，
什麼也不能吃了。

糖可不能多吃，記住了吧。

外公寫

2006 年 10 月 28 日

農曆九月初七

江南三台詞　　唐/王建

聞身強健且為，頭白齒落難追。
准擬百年千歲，能得幾許多時。

外公說

講這個故事就是為了讓煊煊知道蛀牙的可怕，其實這個故事，還是我帶煊煊出去玩時，聽其他家長講的。當時正好有一個家長在給她的女兒講這個故事，我覺得編得很好，回來我就把它記下來了。

媽媽說

煊煊應該是從上幼稚園以後才開始吃糖的，因為幼稚園會發糖果。我們對他的牙齒健康很重視，之前一直都沒給他吃過市面上的水果糖。煊煊開始吃糖果之後，我們就給他講這類故事，告訴他小孩子吃糖多，傷牙齒。

 **外出吃飯教孩子選擇健康食物**

吃飯不挑食的小朋友大煊：

你好！

我們一起出去吃飯，喝了菊花茶。多喝菊花茶，對眼睛有好處。

菊花在秋季開花，是北京市的市花。

外公寫

2006 年 10 月 29 日

農曆九月初八

不第後賦菊　　唐 / 黃巢

待到秋來九月八，我花開後百花殺。

沖天香陣透長安，滿城盡帶黃金甲。

媽媽為煊煊注：不第，就是沒有通過考試。長安，就是現在的西安。

外公說

喝點菊花茶，對眼睛有好處，所以外出吃飯時，
我很鼓勵煊煊點菊花茶來喝，而不是喝飲料。

媽媽說

我們帶他出去吃飯的時候，餐廳服務員每次會問
大家點什麼飲料。我們覺得孩子喝飲料不利於身體健
康，所以就會點菊花茶給他喝。

重陽節要帶孩子去登山

喜歡爬山的小朋友振奕煊：

早上好！

今天是農曆的九月九日，是「重陽節」。這一天人們喜歡全家一起去登山，到山頂去欣賞秋天的風景。

外公寫

2006 年 10 月 29 日

農曆九月初九

弟（時年十七）　唐／王維

獨在異鄉為異客，每逢佳節倍思親。

遙知兄弟登高處，遍插茱萸少一人。

媽媽為煊煊注：茱萸，是一種中藥，到秋天會結好多小紅果。古代的人過重陽節，在頭上插上茱萸，是為了預防生病。

外公說

重陽節到了，我就跟煊煊把這個傳統節日講解了一下。其實煊煊可能不一定喜歡爬山，但是我暗示他喜歡爬山，鼓勵他一下。

孩子跟大人一樣，喜歡表揚，一天到晚批評他是不好的，特別是在吃飯的時候，不能批評孩子，因為那會影響他的消化系統。

媽媽說

孩子在吃飯的時候受到批評，馬上就沒有胃口了，因為人體消化液的分泌跟情緒有關，所以批評孩子，不要選擇在吃飯的時間。

提升孩子的表達能力
我給你講故事，你給我講幼稚園裡趣事，大家都開心

越來越能幹的好孩子煊煊：

你好！

你一天天長高了，會做的事更多了，越來越能幹了，真了不起。

我倆是好朋友，要互相幫助，分享快樂。

我給你講故事，你給我講幼稚園裡有趣的事，大家都開心。

外公寫

2006 年 11 月 1 日

山行　　唐／杜牧

遠上寒山石徑斜，白雲深處有人家。

停車坐愛楓林晚，霜葉紅於二月花。

外公說

我會經常鼓勵孩子去講故事，以「你講故事給我聽，我講故事給你聽」這樣的方式來鼓勵他，提升他的表達能力，記得沒過多久他就開始講故事給我聽了。

我希望孩子永遠都不要吸菸

越來越懂事的小男孩大煊：

　你好！

　醫務室門口有一張宣傳畫，上面有幾個紅色的大字：吸菸有害健康。這幾個字你全認識了，外公很高興。

　以後，看到有人正在吸菸，我們就趕快離開，因為吸二手菸也有害健康。

外公寫

2006 年 11 月 10 日

泊秦淮　　唐／杜牧

煙籠寒水月籠沙，夜泊秦淮近酒家。
商女不知亡國恨，隔江猶唱後庭花。

外公說

　　減少菸民應該從兒童抓起，之前的信裡也強調過吸菸問題，這裡又一次強調了，吸菸有害健康，希望煊煊永遠都不要吸菸。

2006 年底

煊煊 4 歲了
教孩子
跟小朋友們的相處之道

讓孩子明白
你是我們生命的延續

漂亮的小小男子漢張奕煊：

生日快樂！生日快樂！生日快樂！

爺爺愛你！奶奶愛你！外公愛你！外婆愛
你！爸爸愛你！媽媽愛你！

血濃於水，我們是一家人，你是我們生命
的延續。

也有不少缺點的外公寫

2006 年 11 月 12 日

· ·

子夜四時歌　　秋歌（之十五）
南朝／民歌

仰頭看桐樹，桐花特可憐。
願天無霜雪，梧子解千年。

外公說

寫這封信的時候我有點猶豫，寫不寫？如果孩子一點也不懂就沒有必要了，後來一想，還是寫吧，讓孩子記住有好處。特別是告訴他：「你是我們生命的延續！」讓他知道在我們心中他有多重要。

媽媽說

因為原本附在信後的那首詩丟失了，所以我又補了一首，看看能不能符合外公的意思，就是這首〈子夜四時歌〉。

「桐花特可憐」中的「可憐」，是可愛的意思，「梧子解千年」這句話是雙關語，有多種含義。我把它借用來表達父母對孩子的祝願。梧子，可以諧音為「吾子」，就是我的孩子；千年，就是長壽的意思。

批評孩子的缺點時
不一定直說，可以旁敲側擊地講

優點多缺點少的小朋友煊煊：

你好！

講一個馬小哈的故事：

馬小哈要去兒童樂園玩，高高興興地出發
了，一路上又蹦又跳。可是總覺得雙腳很
疼，走路也很彆扭，低頭一看，哎呀，原
來把鞋穿反了……

大家可不要做馬小哈喲。

外公寫

2006 年 11 月 14 日

題臨安邸　　宋／林升

山外青山樓外樓，西湖歌舞幾時休。
暖風薰得遊人醉，直把杭州作汴州。

媽媽為煊煊注：邸，就是旅店。汴州，是北宋的都城，
現在叫作開封。

外公說

孩子小的時候我就給他們講馬大哈的故事，講著講著，就編出一個馬小哈，在我的故事中馬大哈的小孩就叫馬小哈。煊煊經常穿錯鞋，所以我就給他寫了這個馬小哈穿錯鞋的故事。

媽媽說

外公經常這樣，在批評煊煊的缺點時，不直接說，而是跟他講有一個小朋友，怎樣怎樣。煊煊一聽就明白了，這是他的故事。

比如說，外公有一次開玩笑說有個小孩吃了飯以後，臉上還黏著兩顆飯粒，煊煊聽了，馬上摸一下自己的臉。有時候，我也會這樣旁敲側擊地教育他，有一次，我跟他講，有個小孩吃飯，碗裡吃得一顆飯粒都不剩，還拿給他爸爸媽媽檢查，爸爸媽媽看了立即鼓掌，煊煊聽了馬上就看自己的碗，然後把剩飯吃得乾乾淨淨。

註：「馬小哈」、「馬大哈」意指做事糊裡糊塗。

 **讓孩子喜歡自己和家人的名字**

已經認識很多字的㰀奕煊小先生：

你好！

我們家有一本新華字典，上面有一萬多個字。大人們讀書看報時遇到不認識的字，就去查字典。

給你取名字的時候，我們也查了新華字典。㰀是姓，奕表示美麗的意思，煊表示太陽的溫暖。合起來就是你要用一輩子的好名字：㰀奕煊。

外公寫

2006 年 11 月 19 日

集杜甫句贈兒　　㰀奕煊媽媽

㰀老存家事，嵇康有故人。

奕葉班姑史，芬芳孟母鄰。

煊赫舊家聲，風流今尚存。

媽媽為煊煊注：從幾首古詩裡各選出一句來組成一首新的詩，叫作「集句」。請你把每句詩的第一個字連起來讀一下，那是什麼呢？

外公說

這是教煊煊他姓名的含義，他瞭解後，就能跟人家介紹自己為什麼叫這個名字。寫這封信的目的就是讓他喜歡自己的名字，這也是對自己和家長的一種認可。其實每個人的名字都好，都是家長花費了心血來取的。

讓孩子懂得怎樣說生日祝福

老年人過生日，和小孩子過生日祝福是不一樣的

爺爺的乖孫子張奕煊：

你好！

今天是爺爺的生日。

小朋友過生日，人們會說：祝你健康成長。老年人過生日，人們會說：祝您福如東海，壽比南山。就是祝他幸福長壽的意思。你記住了嗎？

外公寫

2006 年 11 月 22 日

. . . .

客中行　　唐 / 李白

蘭陵美酒鬱金香，玉碗盛來琥珀光。

但使主人能醉客，不知何處是他鄉。

外公說

老年人過生日說什麼和小孩子過生日說什麼是不一樣的。我寫這封信就是讓他瞭解我們中國傳統的生日祝福語。

 **讓小孩子喜歡吃雜糧**

張奕煊小朋友：

你好！

今天吃小米粥，已經盛在碗裡放在飯桌上了，外公聞了聞，可香了。

多吃各種雜糧，經常換換口味，對身體有好處。

香香的小米粥在等你，你可要多吃一碗。

也愛吃雜糧的外公寫

2006 年 11 月 23 日

∙ ∙

食粥　　宋／陸遊

世人個個學長年，不悟長年在目前。

我得宛丘平易法，只將食粥致神仙。

媽媽說

外公很愛喝粥，他覺得喝粥對身體好，所以就培養煊煊喝粥的習慣。小孩子是你給他吃什麼，他就吃什麼，但他並不知道為什麼要吃，有時候外公就會給他講一下原因。

在煊煊眼裡，外公就是他的模範，所以他會向外公學習。所以，這可以作為家長教小孩吃雜糧的一個方法。

禮物，心意才是最重要的

誠實的瓓奕煊小先生：

你好！

爸爸的生日快到了，你準備送給他什麼生日禮物？

外公給你提個建議：

你可以畫一張畫送給爸爸，也可以給爸爸寫一封信，由你口說，外公幫你用筆記下來。兒子的禮物爸爸一定非常喜歡，收到兒子的禮物爸爸一定很開心。

外公寫

2006 年 11 月 27 日

送朱大入秦　　唐／王維

避人五陵去，寶劍值千金。
分手脫相贈，平生一片心。

外公說

孩子爸爸的生日要來了，我建議他畫幅畫或寫封信作為生日禮物，當時他好像畫了一幅畫。

其實，畫得好不好我都要表揚他。我覺得從小就有這樣一個教育比較好，禮物不一定要花錢去買，一份心意才是最重要的，要讓孩子從小懂得這個道理。

 ## 教孩子孝順長輩

全家記性最好的小男孩煊煊：

早晨好！

奶奶開了藥，要求在飯前服用，不能忘記。媽媽想了個好辦法，寫了個「藥」字貼在飯桌上，讓奶奶看到這個字後就想起應該先吃藥，後吃飯。

你是全家記性最好的人，眼睛也很尖，你看到「藥」字後應該第一個對奶奶說：「請奶奶先吃藥，後吃飯。」

謝謝你！

外公寫

2006 年 12 月 2 日

長干行（之一）　唐／崔顥

君家何處住，妾住在橫塘。
停船暫借問，或恐是同鄉。

媽媽為煊煊注：長干，是地名。在南京市的一條河邊（秦淮河），那裡居住的人們出門都坐船。

外公說

我常常會跟煊煊說一些細節方面的東西，讓他知道怎樣去孝順長輩。讓孩子學會關心親人很重要。

讓孩子吃飯不挑食

不挑食的小男孩大煊：

你好！

挑食不是一個好習慣，煊煊不挑食，是個大優點。

桌子上的菜有葷有素，各有各的營養，光吃葷的不好，全吃素的也不行。

我的好朋友煊煊每一種菜都吃，不挑食，最好。

煊煊不挑食給外公做了個好榜樣，外公要向你學習。哈哈。

煊煊的好朋友外公寫

2006 年 12 月 6 日

長干行（之二）　唐 / 崔顥

家臨九江水，來去九江側。

同是長干人，生小不相識。

外公說

其實小孩子都有點挑食，相對來說，煊煊算是表現好的，所以寫信鼓勵一下。

我的觀點是，小孩吃飯得有葷有素才好，光吃素不好，光吃葷也不行，素多葷少是正確的飲食搭配。

媽媽說

因為外公從小給孩子「戴高帽子」，所以現在煊煊很自豪，比如出去吃飯的時候，別的小朋友挑食，他就會說：「你看哥哥多好，哥牙好，胃口好，吃什麼都香。」

 多給孩子玩有中國傳統文化的玩具

認識的字越來越多的小男孩大煊：

早晨好！

外公給你買了一個七巧板，很好玩。你可以拿說明書上的圖照著拼。

七巧板是中國人發明的玩具，小朋友們都喜歡。外公小時候也玩過。

如果你開動腦筋，拼出說明書上都沒有的圖形，外公就獎勵你。

七巧板就在圓桌上，快去玩吧。

喜歡玩七巧板的外公寫

2006 年 12 月 9 日

七夕　宋 / 楊樸

未會牽牛意若何，須邀織女織金梭。

年年乞與人間巧，不道人間巧已多。

外公說

七巧板很好玩，我們幾代人都玩過，相信一定會一直流傳下去，以後我還會再給煊煊買古人發明的玩具。

媽媽說

七巧板是中國的傳統玩具，對於以前沒有玩過的煊煊來說，還是有一定的難度的，出乎我們意料的是，他還真拼出來了，當時我開心得把他抱了起來。

我小的時候也玩過七巧板，那時候外面買不到這樣的玩具，外公就拿一個硬紙板，用三角尺在上面畫線，再塗上顏色，然後剪出來，我到現在還記得，我們玩了好久這套硬紙板。後來其他家長發現了，還來跟外公借，然後照樣子做。

他們覺得應該給孩子玩這樣的玩具，因為這是中國傳統的玩具。外公覺得中國傳統的文化中，有很多很好的東西，像七巧板這樣的玩具對孩子的智力開發很有好處。

 # 培養孩子的反應能力

越來越能幹的小男孩大煊：

你好！

今天我們玩數字接龍遊戲：

規則是這樣的：例如，外公說一個蘋果，你就說二，但不能再說水果了，你可以說二號樓。外公又說三條魚，但前面說過的水果、房子、動物都不能說了，你可以說四本書……

現在正式開始數字接龍。外公先說：一張報紙，該你說二了。

外公寫
2006 年 12 月 14 日

詠雪　　清／鄭燮

一片兩片三四片，五六七八九十片。
千片萬片無數片，飛入梅花都不見。

媽媽為煊煊注：鄭燮，是著名的畫家鄭板橋。

外公說

這個遊戲是從一個相聲當中受到啟發的，一開始比較容易，說到後面就比較難了，這能夠訓練孩子的思維，煊煊挺喜歡玩。

媽媽說

一開始外公教煊煊的是簡單的接龍，後來開始教詞語接龍，比方說中國、國家、家庭這樣的接龍，最後就是古詩詞的接龍。我覺得這可以培養孩子的反應能力，後來，玩成語接龍的時候你都不用跟煊煊接，他自己可以往下說很多，那時候煊煊也就四歲多一點，但他可以一個人把成語接龍全接完。

用改編故事
讓孩子輕鬆懂得「勤能補拙」

愛聽故事的小男孩煊煊：

早晨好！

給你講一個龜兔賽跑的故事：

烏龜和小白兔賽跑，誰先到山頂誰就是勝利者。

出發後，兔子用足了力氣，一口氣就到接近山頂的地方了，回頭一看，兔子哈哈大笑，牠看到烏龜還在原地慢慢地爬。

兔子高興地躺在草地上睡覺了，等牠一覺醒來，發現烏龜已經爬到山頂了。

驕傲的兔子失敗了。

外公寫

2006 年 12 月 19 日

華山　　宋/寇準

只有天在上，更無山與齊。
舉頭紅日近，回首白雲低。

媽媽說

外公的描述特別生動，比故事本身更好玩。例如，兔子哈哈大笑，高興地躺在草地上睡覺，外公特別會編這種故事，小孩也喜歡聽。

我小時候有一個體會，那時候小學都有班會，我一年級的時候就認識很多字，能讀報紙了。班主任會在班會的時候讓我給大家讀報紙。我讀完之後，同學們就要我講故事，我就把外公教我的故事給大家講，他們覺得好新奇，因為外公編的故事都特別好玩，包括龜兔賽跑這種故事，每次我都講得繪聲繪色。

 讓孩子記住冬至的特點

聰明的小男孩大煊：

　　今天是一個節日，叫作「冬至」。

　　冬至是一年中最短的一天。今天早上太陽起床很晚，比大煊還晚，哈哈，太陽也在偷懶了！

外公寫
2006 年 12 月 22 日

邯鄲冬至夜思家　　唐 / 白居易

邯鄲驛裡逢冬至，抱膝燈前影伴身。
想得家中夜深坐，還應說著遠行人。

媽媽為煊煊注：邯鄲，是古代趙國的首都。驛，就是旅店。

外公說

中國文化是炎黃子孫的驕傲，二十四節氣是中國文化的一個重要內容。

平時常表揚孩子勇敢
遇到打預防針等事時孩子就不害怕

勇敢的小帥哥大煊：

　　你真勇敢，打預防針前自己一個人走到醫
　　生面前，打針時既沒有哭，也沒有喊疼，
　　真不簡單。
　　大煊是個勇敢的小男孩！

外公寫

2006 年 12 月 23 日

• •

劍客　　唐/賈島

十年磨一劍，霜刃未曾試。
今日把示君，誰有不平事。

媽媽說

當時全班小孩在幼稚園打預防針，很多小孩一看到醫生的針就開始哭，誰也不肯上去。煊煊就不覺得這有什麼可怕的，第一個走過去打針，打完也沒哭，其他小孩一看好像也沒那麼可怕，就都跑去打，老師很高興，直誇他勇敢。我覺得這跟外公平時老說他勇敢有關係。

明白找到自身優勢的重要性

聰明的小男孩旅奕煊：

你好！

講一個龜兔第二次賽跑的故事：

龜兔第一次賽跑，驕傲的兔子失敗了，兔子很不服氣。雙方約定再比賽一次。聰明的烏龜把比賽終點定在河對面的草地上。

出發後，兔子一溜煙兒就跑到了河邊，可是兔子不會游泳，無法過河，急得團團轉，眼睜睜地看著烏龜慢慢地爬到河邊，游泳過了河。

不會游泳的兔子失敗了。聰明的烏龜勝利了。

外公寫

2006 年 12 月 26 日

宿建德江　　唐 / 孟浩然

移舟泊煙渚，日暮客愁新。

野曠天低樹，江清月近人。

媽媽為煊煊注：渚，是水中的小洲。

外公說

聽了龜兔賽跑的故事後，煊煊還想聽，於是我就編了龜兔第二次賽跑的故事，只要孩子高興，我就滿意了。

媽媽說

這是外公編的故事，我覺得特好玩，烏龜很聰明，它把比賽的終點定在河對面，這樣就能利用自身的優勢，此外，也突出了游泳的重要性。

我覺得外公應該專職寫兒童故事；我的一位姨媽特別希望外公抽時間把給煊煊講過的這些故事給寫下來。她覺得這些比當前流行的一些兒童讀物要更有教育意義，也更有趣。

學空手道
是為了培養他的男子漢氣概

勇敢的小男子漢張奕煊：

　　祝賀你！今天通過了空手道考試。你的表現棒極了。

　　現在你是空手道的黃帶了。

　　希望你繼續努力！

外公寫

2006 年 12 月 27 日

前出塞（節選）　　唐/杜甫

挽弓當挽強，用箭當用長。

射人先射馬，擒賊先擒王。

外公說

　　煊煊在三歲多就開始練空手道了，讓他去學空手道就是為了培養他的男子漢氣概。所以這裡特意配上了杜甫的一首滿懷豪情的詩。

「不讓孩子生病」比
「孩子生病後如何治」更重要

愛學習的小男孩煊煊：

　早晨好！

　寒流又要來了，天要下雪了。

　天冷了，穿衣服要快一點，萬一感冒了要
吃藥，多不開心呀。

外公寫

2006 年 12 月 28 日

· ·

問劉十九　　唐 / 白居易

綠蟻新醅酒，紅泥小火爐。
晚來天欲雪，能飲一杯無？

外公說

孩子偶爾受涼發燒，生小病，我們家通常就給孩子吃點蔥白薑湯等，以預防為主，儘量少吃藥打針。即使吃藥，也以吃中成藥為主。

告訴孩子一粥一飯的來歷
比單純跟他講吃飯不要浪費更重要

越來越懂事的小男孩大煊：

你好！

你天天吃白米飯，知道米是怎麼來的嗎？

首先，農民把稻穀種子撒到田裡，種子長成秧苗。然後，農民又把秧苗分散插進大田裡，秧苗慢慢地長高，結出了稻穀。

收下的稻穀送進工廠裡，去掉殼後就成了大米。裝進袋子後運到超市，爸爸、媽媽從超市買米回家後做成白米飯。

一碗飯來得多不容易呀，大家都不能浪費糧食。

外公寫

2006 年 12 月 30 日

憫農　　唐／李紳

鋤禾日當午，汗滴禾下土。

誰知盤中飧，粒粒皆辛苦。

外公說

孩子在吃飯時，難免會不小心掉落飯粒，所以家長告訴孩子一粥一飯來之不易的過程，比單純地跟他講不要浪費更重要。

寫信一年的效果
孩子從不識字到最後被幼稚園選為節目主持人

小小節目主持人張奕煊：

你主持的幼稚園元旦聯歡會真精彩，你的
表現非常好。爸爸媽媽高興極了。

今天是一年的最後一天。

今天還是今年，明天就是明年了。

外公寫

2006 年 12 月 31 日

．．．．．．．．．．．．．．．．．．．．．．．．．．．．

除夜　　唐／史青

今歲今宵盡，明年明日催。

寒隨一夜去，春逐五更來。

氣色空中改，容顏暗裡回。

風光人不覺，已著後園梅。

外公說

幼稚園的元旦晚會，老師選煊煊做主持人，喜歡他是一個原因，主要原因是煊煊現在已經能識不少字了，節目單他基本上都能讀出來，不用去死記硬背。

到現在為止，我差不多跟煊煊寫了一年的信，這一年煊煊從不識字，到最後被幼稚園老師選為節目主持人，教學效果是非常好的。

我們沒有專門教煊煊認字，只是給他寫這些信，不斷勉勵他，用古詩詞薰陶他，就這樣，孩子的識字水平得到了飛速的提高。

 # 溫習農曆和西曆的區別

外公的好朋友大煊：

祝你新年快樂！

今天是西曆的一月一日，是新年的第一天，叫作元旦節。

今天正好也是外公的農曆生日。

外公寫

2007 年 1 月 1 日

元日　宋/辛棄疾

老病忘時節，空齋曉尚眠。

兒童喚翁起，今日是新年。

外公說

　　這是元旦那天寫的，恰巧那天是我農曆生日，我就寫了這封信。因為之前沒告訴過他我的生日，所以他讀完之後很開心，立即跑過來跟我說生日快樂。實際上這封信也幫他溫習了一下農曆和西曆的區別，還告訴了他元旦的概念。

 **下雪天一定要帶孩子去賞雪**

不說謊話的小朋友煊煊：

早晨好！

快看窗戶外邊，昨天夜裡下了一場大雪，現在樹上，草地上，馬路上都是雪，可好看了。

快洗臉刷牙，我們一起出門去在雪地裡走走，一定很好玩。

外公寫

2007 年 1 月 16 日

寒江雪　　唐／柳宗元

千山鳥飛絕，萬徑人蹤滅。
孤舟蓑笠翁，獨釣寒江雪。

外公說

小孩子喜歡在雪地裡走，但可能會弄濕衣褲，還容易摔跤，所以下雪天家長一般不讓孩子出去。我正好相反，下雪天會帶煊煊出去玩，只是我會保護好他。

帶孩子賞雪不僅能讓孩子得到鍛鍊，還能讓他親近大自然。所以說家長可以帶孩子在雪地裡走走，只要讓孩子把衣服穿厚實一點，不讓孩子感冒了，就沒問題。記得那天我們玩得很開心，堆了個雪人，還照了相。

訂兒童畫報類的讀物
好處遠遠超過家長的想像

親愛的小外孫眎奕煊：

你好！

你很喜歡看的兒童畫報到了，放在沙發上，快去看吧。

外公寫

2007 年 1 月 28 日

• •

稚子弄冰　　宋／楊萬里

稚子金盆脫曉冰，彩絲穿取當銀錚。
敲成玉磬穿林響，忽作玻璃碎地聲。

媽媽為煊煊注：金盆，不是黃金做的盆，而是銅盆。

外公說

兒童畫報裡有很多中國傳統的東西，那時煊煊已經能夠自己閱讀了，所以在我的主張下，我們給他訂閱了一份兒童畫報，定期會來，來了就會給煊煊看。

當時，他看兒童畫報主要是看上面的圖，不認識字他會問，我就念給他聽，為他解惑，他每次都看得很開心。還有，訂閱的東西會給孩子一個期盼，那是屬於他的驚喜，他會很重視，看得也特別認真。

媽媽說

在我小時候，外公給我們訂的是少年兒童報，外公覺得這種定期來的東西，會給孩子提供一些最新最獨特的資訊，跟書不一樣。

讓我印象深刻的是，小時候我們家訂了好多報紙，那時候家裡沒有網路，所有資訊都是來自於報紙。到現在我還能想起當時的情景：我們家的習慣是每天都要用熱水泡腳。一到晚上，每個人都在泡腳，同時每個人手裡舉著一份報紙在看。我覺得要是那時進來一個人，看見這屋裡的情形一定會覺得很逗。

244

 立春起，多帶孩子山去玩
接地氣，個子長得高

愛出門玩的小男孩大煊：

今天是立春，表示春天來了。很快，天氣
會一天比一天暖和，小草也要開始發芽。
大煊可以經常去兒童樂園跟小朋友們玩了。

外公寫
2007 年 2 月 4 日

• •

立春偶成　　宋/張栻

律回歲晚冰霜少，春到人間草木知。
便覺眼前生意滿，東風吹水綠參差。

外公說

我覺得小孩不要天天悶在家裡，要出門親近大自然，多跟其他小孩子接觸，所以家長要鼓勵孩子出門玩，立春的時候更要帶孩子出去感受一下。

從中醫角度來說，孩子在人的一生中，也是屬於春天階段的，在立春這樣的節氣出去走走，對孩子的身心都是有好處的。

媽媽說

春夏季小孩子的身高長得比較快，秋冬季就長得慢一些。所以，春天裡一定要讓小孩出去呼吸大自然的空氣。你會發現即便出門時孩子可能情緒低落，但只要出去玩一趟回來，他就很高興了，春天帶給孩子的這種感覺跟其他季節是不同的。

吃虧是福
教孩子掌握跟小朋友們的相處之道

誠實的小朋友煊煊：

你好！

你是一個越來越懂事的大男孩了，和小朋友們一起玩時，從不欺負小弟弟、小妹妹，真是一個小小男子漢。

外公寫

2007 年 2 月 5 日

· ·

七步詩　　魏／曹植

煮豆燃豆萁，豆在釜中泣。

本是同根生，相煎何太急。

外公說

煊煊現在已經上幼稚園了，有很多機會跟很多同齡的小孩接觸，所以我想教會他如何跟他們相處，告訴他不能欺負小弟弟、小妹妹。

有時候小孩之間發生爭執了，我就跟他說你是個男子漢，男子漢要讓著小弟弟、小妹妹，這樣去鼓勵他。大家排隊的時候，有些擠了，我就讓他朝後退一點。

媽媽說

吃虧是福，這就是外公做人的理念。

 ## 「情人節」就是「愛心節」

聰明的小男孩張奕煊：

你好！

昨天，你告訴幼稚園的老師：「我媽媽說，今天的情人節，應該叫作『愛心節』。是為了紀念古代一個很有愛心的人。」老師稱讚你真聰明。

外公寫

2007 年 2 月 15 日

・・・・・・・・・・・・・・・・・・・・・・・・・・・・・・・・・・

離思　　唐/元稹

曾經滄海難為水，除卻巫山不是雲。

取次花叢懶回顧，半緣修道半緣君。

外公說

小孩不懂得什麼叫情人節，老師們都說媽媽給解釋成愛心節挺好，這也算是讓煊煊先瞭解到有這麼一個節日。

喜歡過節
但是過節要了解過節的知識

喜歡過節的小男孩煊煊：

你好！

今天是農曆的十二月三十日，是農曆年的最後一天，也叫大年三十。

大年三十的晚上，一家人要在一起吃年夜飯。

大家一起等到半夜十二點，新年鐘聲響起，新的一年就來到了。

外公寫

2007 年 2 月 17 日

除夜　宋/陸遊

守歲全家夜不眠，杯盤狼藉向燈前。
相看更覺光陰速，笑語逡巡即隔年。

媽媽為煊煊注：逡巡，在這裡的意思是時間過得很快。

外公說

大年三十的時候一家人要在一起吃年夜飯，寫這封信是想教會煊煊過年時團圓的概念。小孩子很喜歡過節，但是過節要瞭解過節的知識。

中國的禮俗有很多，我一般是碰到什麼就教什麼，小孩應該瞭解這些東西。

了解二十四節氣中的「雨水」
天街小雨潤如酥，草色遙看近卻無

煊煊：

你好！

今天是一個農曆的節氣，叫作雨水。

冬天下雪。春天來了，冰雪融化，不再下雪，而是下雨了。

今天上海下了小雨。北京沒有下，還是晴天。

北京的氣候比上海乾旱，下雨也少。

外公寫

2007 年 2 月 19 日

初春小雨　　唐／韓愈

天街小雨潤如酥，草色遙看近卻無。
最是一年春好處，絕勝煙柳滿皇都。

外公說

雨水是二十四節氣中的第二個節氣，我在信裡告
訴煊煊雨水這個節氣的特點，並用北京和上海兩個城
市的降雨情況作為對比。

 用「自由支配」讓孩子學會理財

親愛的大煊：

你好！

過幾天爸爸、媽媽要帶你去逛廟會，廟會裡人山人海，你可不要亂跑，走丟了可不好找。廟會裡賣東西的人很多，吃的，玩的，穿的，用的都有賣的。

爸爸、媽媽會給你一筆錢，由你自由地使用，你可要算著用。錢用完後，再看見你非常喜歡、很想買的吃的東西或者玩具，就沒錢買了，多可惜呀。

預祝你在廟會裡玩得開心。

外公寫

2007 年 2 月 20 日

• •

子夜四時歌春歌（之十）　南朝/民歌

春林花多媚，春鳥意多哀。
春風復多情，吹我羅裳開。

媽媽說

記得那次廟會上發生了一件趣事，當時煊煊看上一個玩具，人家跟他說這個二十塊錢。煊煊很老實地說：「我兜裡只有十塊。」結果賣家說：「那我十塊賣給你。」當時特別好玩，煊煊知道了原來市場上買東西是可以討價還價的。

現在我每個星期給他五塊錢零用錢，結果他的錢包裡經常攢著七八十塊錢。攢得多了，他就拿出一部分來買他喜歡的書看。

外公採用的這種「自由支配式教育」法，時機把握得很準，什麼時候該教孩子什麼，這對孩子的成長非常重要，煊煊就養成了手裡有錢也不亂花的習慣。

 **多給孩子猜燈謎的好處**

喜歡猜謎語的大煊：
　　早上好！
　　今天是農曆的正月十五，是元宵節。
　　元宵節吃湯圓，賞花燈，猜燈謎。

外公寫

2007 年 3 月 4 日

⋯⋯⋯⋯⋯⋯⋯⋯⋯⋯⋯⋯⋯⋯⋯⋯⋯⋯

生查子·元夕　　宋 / 歐陽修

去年元夜時，花市燈如晝。
月上柳梢頭，人約黃昏後。
今年元夜時，月與燈依舊。
不見去年人，淚濕春衫袖！

外公說

元宵節的習俗是猜謎語，我很喜歡給煊煊猜謎語，通過猜字謎，猜動物謎，讓他認字，瞭解很多東西。後來煊煊特別喜歡猜謎語，他見人就給人出謎語。

媽媽說

在我小的時候，外公就給我猜燈謎，後來每年的元宵節家裡人都會猜燈謎。全家人還自己創作了許多燈謎，發表在報紙和期刊上。我小時候的第一筆稿費就是這麼來的。

讓孩子明白「紅寶石婚」

爺爺奶奶的好孫子振奕煊：

今天是爺爺奶奶的結婚紀念日。他們是在四十年前的今天結婚的。媽媽說結婚四十周年叫作「紅寶石婚」。

紅寶石是一種紅色的寶石。好的手錶會用紅寶石作配件，因為它很堅硬，磨不壞。

媽媽為祝賀爺爺奶奶的紀念日寫了一首寶塔詩，很有趣。

這首詩很長，外公讀給你聽。你可以數一數這首詩每一行有幾個字。

外公寫

2007 年 3 月 18 日

緣
手牽
四十年
上海西安
千里來相伴
坎坷路途漫漫
小倆口變成老伴
聯手面對生活挑戰
經風雨得見彩虹燦爛
這姻緣為後輩典範
好人有上天顧眷
平安幸福相伴
兒孫笑語喧
此情永遠
人稱羨
美滿
贊

外公說

　　元這是爺爺奶奶的結婚日，媽媽作了一首寶塔詩。這首詩很有趣，我把它念給煊煊聽，煊煊大致意思都能聽懂。

清明節
給去世的長輩掃墓是不能斷的

大煊：

早上好！

今天是清明節。每年的這個時候是春天，草綠了，花也開了。

在這一天人們喜歡全家人一起去春遊。我們倆等會兒出去，採點野菜回來，給你包餃子吃好不好？

喜歡大自然的外公寫
2007 年 4 月 5 日

· ·

破陣子　　宋 / 晏殊

燕子來時新社，梨花落後清明。
池上碧苔三四點，葉底黃鸝一兩聲，
日長飛絮輕。
巧笑東鄰女伴，采桑徑裡逢迎。
疑怪昨宵春夢好，元是今朝鬥草贏，
笑從雙臉生。

外公說

清明節到了，我帶著煊煊出去採野菜，用野菜包餃子吃，讓孩子覺得野菜也是好東西，鼓勵煊煊熱愛大自然。那時候清明節不放假，現在清明開始放假了，這樣很好，中國的傳統節日不能忘記。

媽媽說

我的三姨，總是定期風雨無阻地去照看家族的墓地。有一次，一位親友勸她說：「明年清明節妳就外出旅遊一次吧。」三姨說：「不行，給去世的長輩掃墓是不能斷的，不要忘了，清明節放假為的是什麼。」我覺得她這話說得特別好。孩子大一點以後，我們會慢慢教給他這些傳統的禮儀。

帶孩子旅遊前
先了解當地的風土人情、知識

喜歡吃水果的小男孩大煊：

早上好！

告訴你一個好消息：爸爸媽媽計畫五一節
放假以後，帶你去雲南玩。

雲南是中國的一個省。是一個很好玩的地
方。那裡有好看的風景，好吃的小吃，還
有各種各樣的水果。

雲南的水果有芒果、鳳梨、木瓜、香蕉、
荔枝、火龍果，等等，都是你喜歡吃的。
還有一些你沒有見過的水果，比如酸角，
長得像很大的豆角，吃起來酸酸甜甜的。
還有雞蛋果，長得像一只雞蛋。它是什麼
味道呢？你去了以後，嘗一嘗就知道了。

外公寫

2007 年 4 月 20 日

惠州一絕　　宋／蘇軾

羅浮山下四時春，盧橘黃梅次第新。
日啖荔枝三百顆，不辭長作嶺南人。

媽媽為煊煊注：啖，就是吃的意思。

外公說

當時孩子的父母計畫帶煊煊去雲南旅遊，寫這封信是為了讓孩子先有一個印象，讓他對這次旅遊重視起來。信裡跟他講了很多好吃的東西，讓他有個期待，

說實話，我也不完全瞭解知道雲南各地的飲食是怎樣的，但是我會查書。例如，雲南，就是彩雲之南的意思，然後我再把這個告訴煊煊。在寫信的過程中我自己也在增長知識，教育孩子也是提升自己最好的方法。

帶孩子到邊境前
先告訴他國境線的基本概念

好孩子大煊：

你好！

一個國家和另一個國家之間的分界線，叫作國境線。在雲南的南邊，就不是中國了，而是別的國家。

從雲南越過國境線，可以走到三個國家：越南、寮國和緬甸。

請看一下牆上的世界地圖，找到這三個國家的位置，再比一比，哪一個國家最大？有沒有雲南大？

外公寫

2007 年 4 月 23 日

滇春好（之三）　明／楊慎

滇春好，翠袖拂雲和。

淡雅梳妝堪入畫，等閒言語勝聽歌。

能不憶滇娥？

外公說

　　因為已經到了邊境，所以我給煊煊講了下國界線的知識，這樣一來他的印象會很深刻。

帶孩子去遊玩之前
先給自己和孩子做一下功課

漢族小男孩張奕煊：

你好！

中國有五十六個民族，人口最多的是漢族，其他的叫少數民族。

雲南是中國少數民族最多的省，有二十五個。

在中華民族圍，你參觀過潑水節的活動。那些潑水的演員，他們的家鄉就在雲南。

他們是傣族。外公外婆是漢族，爺爺奶奶是漢族，所以你也是漢族。

不管是傣族，還是漢族，都屬於中華民族。

外公寫

2007 年 4 月 24 日

＊＊＊＊＊＊＊＊＊＊＊＊＊＊＊＊＊＊＊＊

滇春好（之四）　明/楊慎

滇春好，最憶海邊樓。

漁火野星明北渚，酒旗風影蕩東流，

早晚復同遊。

媽媽為煊煊注：渚是水中的小島。

外公說

　　每到一個地方我都會讓煊煊知道當地一些飲食、地理方面的知識。很多家長帶孩子外出，不是回故鄉，就是到外地，一般都是帶孩子玩一些當地的項目，比如帶到遊樂場玩一玩，卻沒有教給孩子知識，這樣孩子就學不到什麼東西。所以說，家長帶孩子出去遊玩之前，最好給自己和孩子安排一下功課。

媽媽說

　　煊煊是漢族的小男孩，對於其他民族並不瞭解，所以外公在信中告訴他中國有五十六個民族，每個民族都有各自的風俗習慣。

對孩子守承諾
這樣孩子才能養成誠實守信的習慣

煊煊：

早上好！

雲南很大。你們要去玩的地方叫作騰衝。需要從昆明坐飛機過去。

在騰衝，有很多的溫泉。有的溫度低，可以泡澡。有的溫度高，把雞蛋放進去，都能煮熟。

到了騰衝，你可以試一試，用溫泉水煮雞蛋是什麼味道？

外公寫

2007 年 4 月 26 日

卜算子　　宋 / 王觀

水是眼波橫，山是眉峰聚。
欲問行人去那邊，眉眼盈盈處。
才始送春歸，又送君歸去。
若到江南趕上春，千萬和春住。

媽媽說

外公在信裡寫的這些地點，我們都帶煊煊去了。在泡溫泉的時候，那裡有個熱泉，裡面可以煮雞蛋、馬鈴薯、花生，煊煊覺得很新奇，吃得很有味。

我覺得，要對孩子信守承諾，這樣孩子才能養成誠實守信的品質。

小朋友想多玩一會兒的地方
家長請耐心等待

煊煊：

早上好！

你在地質博物館，看過火山爆發的演示。

在騰衝，你會看到真正的火山。

那裡的火山正在休眠，不會爆發。你還可以在火山上跑步呢。

外公寫

2007 年 4 月 27 日

· ·

登幽州台歌　　唐/陳子昂

前不見古人，後不見來者。

念天地之悠悠，獨愴然而涕下。

外公說

當時的計畫就是要帶孩子到騰衝去玩,所以我事先就查了一下騰衝有哪些景點,然後提前寫了這封信,讓他心裡有準備,結果煊煊收穫很大。

外出遊玩,小朋友感興趣,想多玩一會兒的地方,家長請耐心等待,因為遊玩的主要目的就是讓小朋友玩得開心。

媽媽說

外公的心思很細膩。這裡面有一段小插曲,煊煊曾經在博物館看過火山爆發的演示,他覺得很恐怖,所以當他聽我們說到騰衝有火山時,一開始不想去,擔心那個地方的火山會爆發。外公就在信裡說火山正在休眠,不會爆發,人們還可以在上面跑步,他就覺得安全了。

融洽親子的關係
多帶孩子參加親子活動

小男子漢張奕煊：

你好！

今天爸爸媽媽帶你去參加「親子運動會」，
你的成績非常好。

媽媽說，你走平衡木又快又穩。真棒！

外公寫

2007 年 4 月 29 日

．．．．．．．．．．．．．．．．．．．．．．．．．．．．．．

春夜洛城聞笛　　唐 / 李白

誰家玉笛暗飛聲，散入東風滿洛城。
此夜曲中聞折柳，何人不起故園情。

媽媽說

現在幼稚園經常舉辦親子活動，父母帶著孩子一起參加比賽，並鼓勵孩子去盡力參與，這對融洽父母與孩子的關係有很好的促進作用，對孩子健康成長大有益處。

 # 曾去過城市所處方位的知識

親愛的外孫張奕煊：

你好！

外公今天回上海。預祝你們去雲南旅遊愉快。

北京在中國的北部，上海在中國的東部，雲南在中國的南部。

北京的北邊是大草原，上海的東邊是大海，雲南的南邊是雪山。

我們節日過後再見！

外公寫

2007 年 4 月 30 日

淮上與友人別　　唐 / 鄭谷

揚子江頭楊柳春，楊花愁殺渡江人。

數聲風笛離亭晚，君向瀟湘我向秦。

外公說

他們去雲南的時候，我回上海了，寫這封信是趁機給煊煊介紹一下地理知識，讓他對雲南、上海、北京這三個地方的地理位置有個概念。

給孩子講的《西遊記》裡沒唐僧
因為唐僧很嘮叨，喜歡說教

好孩子煊煊：

你好！

六一兒童節快到了，外公正在思考一個小悟空、小八戒、小沙僧的故事，作為兒童節的禮物，講給你聽，希望你能喜歡。

今天晚上，就給你講一個小八戒吃饅頭的故事。

外公寫

2007 年 5 月 19 日

行宮　　唐/元積

寥落古行宮，宮花寂寞紅。

白頭宮女在，閑坐說玄宗。

外公說

當時寫這封信是因為兒童節快到了，所以想編個小故事講給孩子聽，於是這個小悟空、小八戒、小沙僧的故事就誕生了。

在我這個版本的《西遊記》裡，是沒有唐僧的。因為唐僧很嘮叨，喜歡說教，所以我就沒把他編進故事裡。而儘管豬八戒又懶又貪吃，但大家都喜歡，因為沒有人會覺得自己比豬八戒還差，他不會給人壓力，每當讀到他的故事人們就會覺得很輕鬆。

所以說豬八戒是不可缺少的人物，沒有豬八戒，《西遊記》這本書就沒趣味了。

媽媽說

我當時還沒有特別在意，為什麼沒有寫小唐僧，後來我才理解，外公的意思就是不要在故事中加入唐僧。你想想，有師父管著，小朋友們多不自由！所以說，我就覺得外公太理解小朋友了，對小朋友的心理把握得太到位了。

讓孩子知道兒童和青年的不同

四歲的兒童張奕煊：

祝你兒童節快樂！

從0歲到十四歲的小朋友都可以過兒童節。

小朋友長到十四歲，就是少年了，就不過兒童節了，而是過「青年節」。

青年節在每年的五月四日。

算一下，你還可以過幾個兒童節呢？

外公寫

2007 年 6 月 1 日

金縷衣　　唐 / 杜秋娘

勸君莫惜金縷衣，勸君惜取少年時。

花開堪折直須折，莫待無花空折枝。

外公說

六一兒童節到了，這一天我給煊煊講了兒童、少年、青年有什麼不同，因為他將來要過渡到青年，所以我告訴他要珍惜時間。

孩子在入睡前
聽到的東西會印在他腦子裡

大煊：

　　早晨好！

　　外公去接外婆了，今天放學回家後你就可以看到外婆了。

　　你可得好好想想，晚上跟外婆談些什麼。

　　你猜猜，外婆會對你說些什麼。

　　晚上再見！

外公寫

2007 年 6 月 4 日

· ·

清平調詞　　唐/李白

雲想衣裳花想容，春風拂檻露華濃。
若非群玉山頭見，會向瑤台月下逢。

媽媽為煊煊注：檻，是破音字，有兩個讀音。這裡念作「ㄐㄧㄢˋ」，就是「欄杆」。

外公說

當時煊煊已經有一段時間沒見到外婆了。外婆在家時幫著做些家務，帶孩子出去玩的差不多都是我，所以煊煊跟我在一起的時間多。寫這封信主要是讓他回憶一下外婆的好，對外婆回來有一個期待。

媽媽說

現在煊煊長大了一些，所以外婆在飲食上、生活上照顧得多一點。煊煊特別小的時候，外婆每天晚上都會在他睡覺前給他讀詩讀古文。那個時候煊煊才一歲。外婆的理念是，孩子在入睡前聽到的東西會印在他腦子裡；外婆給他讀詩就是希望能夠對他有潛移默化的影響。

 **不同季節，植物生長是不同的**

大煊：

　早上好！

　我們家的柿子樹上結了很多小柿子，你看見了嗎？

　小柿子是青色的，到秋天就長成紅紅的大柿子了，等著吃吧。哈哈！

外公寫

2007 年 6 月 6 日

悵詩　　唐／杜牧

自是尋春去校遲，不須惆悵怨芳時。

狂風落盡深紅色，綠葉成陰子滿枝。

媽媽為煊煊注：惆悵，是失意、傷感的意思。校，在這首詩裡當作「較」字用，應念成「ㄐㄧㄠˋ」。

外公說

這是跟煊煊講講植物，讓他知道不同的季節，植物的生長是不同的，讓他多觀察。

 # 最快記住家裡地址、手機號碼方法

親愛的大煊：

　　昨天你游泳時表現很勇敢，大家都說你進步大。今天再去游，好不好？

外公寫
2007 年 6 月 10 日

郵遞區號 100000

北京市 XX 區 XX 園 XX 號

張奕煊先生收

- -

三衢道中　　宋 / 曾幾

梅子黃時日日晴，小溪泛盡卻山行。
綠陰不減來時路，添得黃鸝四五聲。

外公說

這封信是我拿真信封寫的，信封的格式寫得很正規，然後把信折好裝進去，就是沒貼郵票而已。

媽媽說

這是開始教煊煊寫信的格式了，告訴他信封上怎麼寫。外公寫的是真實的家裡地址，他是希望煊煊記住這個地址。因為有些小孩走丟了，一問家裡的地址不知道，尋找起來就很麻煩。

外公首先讓煊煊記住我們的手機號碼，然後讓他記住家裡的地址，在外公看來，這非常重要。

 # 家長要記錄孩子講的故事

大煊講的故事：

一百多年前，鴕鳥是會飛的，後來翅膀一
直不用，就退化了，不會飛了。但是腿就
進化了，會快快跑了。

大煊講，外公記錄
2007 年 7 月 1 日早晨

江村晚眺　　宋／戴復古

江頭落日照平沙，潮退漁船閣岸斜。
白鳥一雙臨水立，見人驚起入蘆花。

外公說

我經常讓煊煊講故事給我們聽，他講我來記錄。煊煊平常喜歡看《動物百科全書》，所以就講了一個鴕鳥的故事。小孩子寫的東西沒有什麼鋪墊和修飾，很簡單，很好聽。

鼓勵孩子多講
從百科全書裡看到的故事

喜歡看《動物百科全書》的好孩子大煊：

　　今天是小暑，這表示天氣熱了。小暑的時候，連風也是熱的了。

　　蟋蟀也怕熱，不在草地上玩了，躲到了牆角乘涼。你聽到牠的叫聲了嗎？

外公寫
2007 年 7 月 7 日

四時田園雜興夏日　　宋 / 范成大

梅子金黃杏子肥，麥花雪白菜花稀。
日長籬落無人過，唯有蜻蜓蛺蝶飛。

媽媽為煊煊注：蛺蝶，是蝴蝶的一種，例如菜青蟲長大後變成的菜粉蝶。

外公說

　　這個蟋蟀的故事，也是煊煊從百科全書裡看來的，當時他講得很自然。所以，家長可以多讓孩子讀讀百科全書，拓寬孩子的知識面。

鼓勵孩子天天刷牙，少吃糖

請交給牁亦舒的弟弟牁奕煊收：

　　牁奕煊是一個優點多、缺點少的好孩子。
他今天早晨告訴外公，體檢發現，有幾個
小朋友有蟲牙，原因是他們愛吃零食，愛
吃糖，又不刷牙。

　　大煊的優點是不吃零食，少吃糖，天天刷
牙，所以沒有蟲牙。哈哈。

外公寫

2007 年 7 月 11 日

．．．．．．．．．．．．．．．．．．．．．．．．

己亥雜詩　　清 / 龔自珍

九州生氣恃風雷，萬馬齊喑究可哀。
我勸天公重抖擻，不拘一格降人才。

媽媽為煊煊注：喑，意思是「沒有聲音」。

外公說

那天煊煊回來跟我講，有幾個小朋友去檢查牙齒，發現牙齒都不好。煊煊讓我在保護牙齒方面多鼓勵他，所以我就寫了這封信；從那以後他就很重視保護自己的牙齒。

我覺得，人總是優點多缺點少，小朋友也如此，因此對小朋友要以表揚與鼓勵為主。

 學一樣東西要循序漸進

越來越懂事的小男孩張奕煊：
　　昨天你學會潛水了，真勇敢，棒極了。
　　今天，我們再去游泳，學潛泳，好不好？
　　放學後就去，我等著你。

　　　　　　　　　　　　　　　　　外公寫
　　　　　　　　　　　　2007 年 7 月 12 日早晨

桃花溪　　唐 / 張旭

隱隱飛橋隔野煙，石磯西畔問漁船。
桃花盡日隨流水，洞在清溪何處邊。

外公說

　　孩子會潛水了，我又開始逐步逐步教他學習游泳。信的開頭誇他長大了，目的是鼓勵他繼續堅持下去。

 **教育小孩要有表揚也得有批評**

黑頭髮、黑眼睛的中國小男孩張奕煊：

　　昨天你在公路上亂跑，很不對。

　　今後，出門一定要注意安全，一定要走人行道，千萬不能亂跑！

　　祝你一路平安！祝你天天快樂！

外公寫

2007 年 7 月 13 日早晨

花影　　宋／蘇軾

重重疊疊上瑤台，幾度呼童掃不開。

剛被太陽收拾去，卻教明月送將來。

外公說

信的開頭是提醒孩子，有著黑頭髮和黑眼睛，就是想強調他是中國人。寫這封信主要是想提出他的缺點。這樣教育小孩，既有表揚也有批評，他就容易接受。

讓孩子在玩中學會游泳

記憶力很好的小彩子張奕煊：

今天入伏了，三伏天是一年中最熱的三十天，要多喝水，多喝綠豆湯，多吃番茄，防止中暑。

因為很熱，所以是學習游泳的好季節，今年你就可以學會游泳了，是一個小小游泳運動員了。真棒！

外公寫

2007 年 7 月 15 日晚上

晚樓閑坐　　宋 / 黃庭堅

四顧山光接水光，憑欄十里芰荷香。
清風明月無人管，並作南來一味涼。

媽媽為煊煊注：芰，念做「ㄐㄧ丶」。

媽媽說

外公教孩子游泳的方式很特別，他不贊同孩子套

著游泳圈學游泳，因為那樣孩子沒辦法划水，也體會不到如何用腳踩水，只能是玩水。

外公會給孩子戴上手漂，或者讓他抓著浮板游，這樣他就必須用腿來打水，自然而然就學會游泳了。而且外公每個星期都會給手漂放一點氣，其實到後來那個手漂已經沒有氣了，就是一個裝飾品，但煊煊始終以為自己是有手漂的，很有安全感。

外公之所以在這封信裡很有信心地說：「今年你就可以學會游泳。」，是因為其實煊煊已經會游泳了，只是他不知道，外公就是這樣很「狡猾」！他不會和孩子說：「從哪一天開始就不能用這些了。」、「你要開始學游泳了。」──那樣會讓孩子非常緊張。他總是一點一點地悄悄變化，直到有一天，他就會告訴孩子說：「你去試試，不用手漂好像也可以了。」

家長不要強迫孩子去學游泳，我們也沒有跟煊煊說一定要讓他學游泳，就是帶他玩。而且我覺得最重要的是，外公特別會想辦法，他激發了孩子的潛能，還讓孩子特別有安全感，孩子以為外公又要帶他去玩水了，就這樣很開心地學會了游泳。

 # 讓孩子知道大寫數字的重要性

記憶力很好的小男孩振奕煊:

數字有三種寫法——

阿拉伯數字:0、1、2、3、4、5、6、7、8、9、10。

中文小寫:○、一、二、三、四、五、六、七、八、九、十。

中文大寫:零、壹、貳、參、肆、伍、陸、柒、捌、玖、拾。

學數學的時候,要用阿拉伯數字。

寫文章,用中文小寫。

去銀行填匯款單、寫收據等等,寫到多少錢的時候,要用中文大寫,這樣才不容易弄錯。

外公寫

2007 年 7 月 13 日晚上

西元貳零零柒年

柒月拾玖日晚上

西元二○○七年

七月十九日晚上

畫眉鳥　　宋／歐陽修

百囀千聲隨意移，山花紅紫樹高低。
始知鎖向金籠聽，不及林間自在啼。

外公說

這是教孩子學習中文數字的大小寫。因為現在很多人對數字的大寫不重視，其實中國字當中，大寫數字是很重要的。

媽媽說

誇孩子記憶力好是因為煊煊天天都在背東西，尤其是古詩，他每天都在背。但是我們沒有要求他背下來，只是告訴他能背多少背多少。即便這兩年他把古詩倒背如流，不復習的話，過兩年他也會忘的，但是忘記了就忘記了，沒關係，因為這些東西已經刻在他的大腦深處了。

玩具不一定要花錢買
知了殼也可能是受歡迎的好玩具

親愛的大煊：

　　我撿了一個知了殼。知了從殼裡爬出來後就長出翅膀，以後就會飛了。

　　知了殼又叫蟬蛻，是一味中藥。送給你玩。

外公寫

2007 年 7 月 26 日中午

· ·

蟬　　唐 / 虞世南

垂緌飲清露，流響出疏桐。
居高聲自遠，非是藉秋風。

媽媽為煊煊注：緌，是帽子的帶子。蟬的頭上長著觸鬚，就像帽子上的帶子。藉，是「借」的意思。

外公說

玩具不一定要花錢買，知了殼也可能是受歡迎的好玩具。

媽媽說

這首〈蟬〉，放在信裡十分貼切。給煊煊講解時，能形象生動地給他描述出蟬的樣子。

珍惜和孩子相處的時光
那只會越來越短

張奕煊講的故事：

第一個故事：連孟萱說，婷婷阿姨要生一個小妹妹；二寶說，婷婷阿姨要生一個小玩具。

第二個故事：二寶說，不理髮就不帥，得兒跑過去：「理髮，理髮。」

第三個故事：前幾天，郝姨的老公喝醉酒，找不著家了，坐在石頭上等郝姨來接他回家。

大煊講，外公寫，請爸爸、媽媽看。

外公寫

2007 年 7 月 29 日早晨

贈別　唐 杜牧

多情卻似總無情，唯覺樽前笑不成。
蠟燭有心還惜別，替人垂淚到天明。

外公說

小朋友自己講的故事家長最愛聽。

 # 多給孩子講《西遊記》的故事

最喜歡聽故事的小朋友張奕煊：

《西遊記》是一本很有名的小說。

書中寫了唐僧、孫悟空、豬八戒、沙和尚的故事。

孫悟空本領很大，用一根金箍棒，會七十二變，有火眼金睛，能上天入地，妖魔鬼怪都怕他，大家都喜歡孫悟空。

外公寫

2007 年 8 月 7 日早晨

- -

賈生　唐 / 李商隱

宣室求賢訪逐臣，賈生才調更無倫。

可憐夜半虛前席，不問蒼生問鬼神！

外公說

之前我跟煊煊講過《西遊記》的故事，但是沒講很詳細，這次把《西遊記》裡面的人物串在一起，讓他對原著有個瞭解。

孩子吃手指的習慣
如果一時改不掉也不要苛責

小男孩張奕煊：

你吃手指的壞習慣一定要改正，手指上有很多細菌，吃了容易生病。

外公寫

2007 年 8 月 7 日早晨

貳零零柒年捌月柒日

· ·

吳興雜詩　　清 / 阮元

交流四水抱城斜，散作千溪遍萬家。

深處種菱淺種稻，不深不淺種荷花。

外公說

很多小孩都有一個習慣——吃手指，煊煊也不例外，在我們的提醒下，他花了很長時間把這個習慣慢慢改掉了。

小朋友病了，應該及時治療，但不能在生病期間過分優待，不能小病當大病治，這沒有好處。家長關心小朋友，更要教小朋友關心別人。相互關心，才是好朋友，家長和小朋友是好朋友。

媽媽說

孩子吃手指有心理成長方面的原因，所以我覺得如果他一時不能改掉也不要苛責他。家長要有耐心，要給孩子時間，慢慢來，等孩子心理發育成熟一點，他自然會擺脫對吃手指的心理依賴。

孩子學會「繞口令」的好處

小男孩大煊：

　請你說一說下面的繞口令——

　蘇州有個蘇鬍子，

　湖州有個胡梳子，

　蘇州的蘇鬍子要借湖州的胡梳子的梳子來梳鬍子，

　湖州的胡梳子偏不借梳子給蘇州的蘇鬍子來梳鬍子。

　　　　　　　　　外婆說，外公記錄

　　　　　　　　　2007 年 8 月 12 日

題淮南寺　　宋 / 程顥

南去北來休便休，白蘋吹盡楚江秋。

道人不是悲秋客，一任晚山相對愁。

外公說

繞口令是外婆讓他學的。煊煊很喜歡念繞口令。

媽媽說

煊煊的嘴巴很伶俐。

後來他參加過話劇培訓班，話劇演出對孩子們的訓練，第一個就是念各種各樣繞口令，煊煊讀得非常流利。幼稚園的時候，北京自然博物館要招義務解說員，那是一個公益活動，煊煊那時候不到六歲，因為口齒伶俐，又認識很多字，被選中了。

培訓了一段時間自然科學知識，經過考試以後就上崗了。脖子上掛個解說員的牌子，在自然博物館大廳裡解說，後面一群大人跟著他，煊煊會跟別人解釋這是什麼恐龍，生活在多少年以前，有什麼特徵，等等，思路特別清晰。

一定要讓孩子記得
不要去人多的地方看熱鬧

張奕煊小朋友：

　　告訴你一個好消息，今天下午綜合樓前面還要舉行拔河比賽，你放學後又可以看了，看的時候別忘記喊加油、加油……

　　注意，要站在高處看，才看得清楚，也安全。

外公

貳零零柒年捌月拾柒日早晨寫

二○○七年八月十七日早晨寫

● ● ● ● ● ● ● ● ● ● ● ● ● ● ● ● ● ● ● ●

慶全庵桃花　　宋／謝枋得

尋得桃源好避秦，桃紅又是一年春。
花飛莫遣隨流水，怕有漁郎來問津。

　　媽媽為煊煊注：庵，就是寺廟。

媽媽說

　　從小到大，外公一直都教育我們不要擠在人多的地方看熱鬧，他非常注意小孩的安全問題。

　　有一次，我看到電視上報導了一起踩踏事件，又正好看到了這封信，就問外公：「您當時就考慮過這樣的事情？」他說：「對，我就想一定要教小孩子人多的地方不要去，要站在高處，或者是站在離人比較遠的地方，這樣才安全。」在孩子的安全問題上，外公從來都是未雨綢繆。

把「平等」的概念教給孩子

小朋友過「兒童節」，老年人就過「老人節」

尊敬老人的大煊：

你好！

今天是重陽節，也是「老人節」。

小朋友過兒童節，老年人就過「老人節」。

今天你到院子裡玩的時候，看見老人，可

要記住說一聲：「爺爺奶奶過節好。」

外公寫

2007 年 8 月 19 日

· ·

過故人莊　　唐 / 孟浩然

故人具雞黍，邀我至田家。

綠樹村邊合，青山郭外斜。

開軒面場圃，把酒話桑麻。

待到重陽日，還來就菊花。

媽媽為煊煊注：黍，就是黃米。圃，就是園子。

外公說

重陽節是老人節，所以寫這封信告訴他老人也要過節，大家都是一樣。

我覺得，家長從小就要教孩子平等的概念，我們要關心你，你也關心我們，大家相互關心，就像朋友一樣，一家人就應該這樣。不是說光是大人關心孩子，你有好的也要懂得分享，從小就讓他有這種意識。

 **數字形象化孩子就理解、記住了**

喜歡動物的小朋友張奕煊:

晚上好!

我們今天在野生動物園看到了大猩猩。大猩猩又高又壯,但是牠沒有看起來那麼可怕;牠是吃植物的。

大猩猩的胃口很大,一天能吃六十斤食物,相當於二百根大香蕉,夠大煊吃半年的了。

大猩猩最喜歡吃的是香蕉樹的樹芯。因為樹芯的水分多。

大猩猩不會喝水,靠吃樹芯和水果來解渴。

外公,2007 年 8 月 19 日

清溪行　　唐 / 李白

清溪清我心,水色異諸水。
借問新安江,見底何如此。
人行明鏡中,鳥度屏風裡。
向晚猩猩啼,空悲遠遊子。

外公說

大猩猩胃口很大，一天的食物夠煊煊吃半年了。其實這個知識我當時還查過資料，不然的話，我可不敢寫出來。

把數字擺出來，概念就形象起來，很好玩。拿學數學舉例，我就跟我的學生講過一億人民幣大概是多少錢，我說把一百塊一張的人民幣疊起來，放到卡車上要放多少，他們就有這個認識了。

316

 ## 小孩的鍛鍊很簡單，讓他多走路

跑得很快的小男孩張奕煊：

你好！

歡迎你從幼稚園回來，姨婆說你表現好，獎勵你冬棗和柚子，放在圓桌上。你洗手後才可以拿來吃。

今天外公要和你比賽，看誰在草地上跑得快，你可要認真跑，爭取贏。

晚上給你講《三國演義》中的「大意失荊州」。

外公寫

2007 年 10 月 22 日

貳零零柒年拾月貳拾貳日

二〇〇七年十月二十二日

臨江仙　　明 / 楊慎

滾滾長江東逝水，浪花淘盡英雄。
是非成敗轉頭空。
青山依舊在，幾度夕陽紅。
白髮漁樵江渚上，慣看秋月春風。
一壺濁酒喜相逢。
古今多少事，都付笑談中。

媽媽為煊煊注：樵，意思是砍柴人。

外公說

我很重視孩子的身體鍛鍊，常常帶他跑步，其實小孩的鍛鍊很簡單，能不坐車的時候儘量不要讓他坐車，讓他多走路。

有時候他要到小朋友家去玩，我的條件就是不讓外公抱著去，也不能讓家裡開車送去，而是走著去，你願意就去，回來也是這樣。當然，如果距離實在太遠，途中也可以抱他走一段作為獎勵，例如：「今天你表現得很好，我抱你走一段路。」

 ## 過生日的人要吃煮雞蛋

爸爸的好兒子大煊：

早上好！

桌上有煮雞蛋，請你拿給爸爸吃。

外婆說：過生日的人，早晨要吃煮雞蛋。

吃了煮雞蛋，這一年就過得順利。

外公寫

2007 年 12 月 3 日

貳零零柒年拾貳月參日

....

武夷山中　　宋／謝枋得

十年無夢得還家，獨立青峰野水涯。

天地寂寥山雨歇，幾生修得到梅花。

外公說

兒子親手拿雞蛋給爸爸吃，過生日的爸爸心裡一
定比蜜還甜。

2008 年初

煊煊 5 歲多
尊重孩子的「善變」

雷鋒是「大好人」
對小孩來講這樣就可以了

喜歡走路的小小男子漢張奕煊：

你好！

今天是大家學雷鋒的日子，雷鋒是一個大好人，他經常幫助有困難的人，大學生、中學生、小學生及幼稚園裡的小朋友，所有的人都要學習雷鋒好榜樣，我們要像雷鋒一樣關心別人，幫助別人。

外公寫

2008 年 3 月 5 日

貳零零捌年參月伍日

二〇〇八年三月五日

過零丁洋　宋／文天祥

辛苦遭逢起一經，干戈寥落四周星。

山河破碎風飄絮，身世浮沉雨打萍。

惶恐灘頭說惶恐，零丁洋裡歎零丁。

人生自古誰無死，留取丹心照汗青。

外公說

雷鋒精神就是助人為樂，助人為樂是美德。

現在回憶起來，我當時是想寫封雷鋒助人為樂、捨己救人的信，可發現不太好寫，後來乾脆就寫個大好人，以大好人來介紹雷鋒，對小孩來說這麼介紹就行了，對於孩子來說，一個人的不同最終就是好人和壞人的區別。

媽媽說

外公的信大多都這樣，把事情講得很直白、很簡單，讓孩子能很單純地接受。

 # 做什麼能讓媽媽很開心

媽媽的好寶貝張奕煊：

早上好！

你給媽媽製作的項鍊真是漂亮極了，媽媽收到這個生日禮物一定會很開心的。

今天晚上，我們一起來吃蛋糕，祝媽媽生日快樂！

外公寫

2008 年 3 月 6 日

貳零零捌年參月陸日

二〇〇八年三月六日

春寒　宋/陳與義

二月巴陵日日風，春寒未了怯園公。

海棠不惜胭脂色，獨立濛濛細雨中。

外公說

　　這個項鍊是用珠子做的，煊煊以前還用柳條給她做過一個花環，他媽媽收到禮物後特別開心。

 ## 有些事不值得去在意

越來越能幹的小小男子漢張奕煊：
你越來越勇敢了，外公從上海回來後，還沒看到你流過眼淚，真是個不愛哭的小小漢子，棒極了。

外公寫
2008 年 3 月 7 日
貳零零捌年參月柒日
二〇〇八年三月七日

送杜少府之任蜀州　　唐／王勃

城闕輔三秦，風煙望五津。
與君離別意，同是宦遊人。
海內存知己，天涯若比鄰。
無為在歧路，兒女共沾巾。

外公說

煊煊是男孩，在我看來男孩應該堅強點，因為男兒有淚不輕彈的，所以鼓勵他不要老哭，哭了人家會笑話他。

媽媽說

男孩子哭一下我倒不是很在意。我會讓煊煊知道有些事情不值得去在意，如果他真的在意，想流淚就流唄。如果一直憋著，小孩有可能會得病。

尊重孩子的善變

親愛的大煊：

你好！

你翻筋斗棒極了，像一個小孫悟空了。

你舞也跳得不錯，因為你是學跳舞的唯一的一個男孩子，所以你當然是男孩子中的第一名了，哈哈。

祝你天天快樂！

外公寫

2008 年 3 月 10 日

. . . .

和晉陵陸丞早春遊望　　唐／杜審言

獨有宦遊人，偏驚物候新。

雲霞出海曙，梅柳渡江春。

淑氣催黃鳥，晴光轉綠蘋。

忽聞歌古調，歸思欲沾巾。

外公說

在幼稚園，我們給孩子報了一些課外班，煊煊選擇了繪畫、彈鋼琴和跳舞。男孩子就他一個報了跳舞，男孩也該跳跳舞，跳舞好。

媽媽說

當時本來還有武術班，但是煊煊挑選了舞蹈班。我就問他為什麼，他說：「因為老師是女老師，而武術班是男老師教。」

煊煊覺得女老師比較溫柔一些，不會像男老師那麼凶，所以他趨利避害，就選擇了舞蹈。但是他只學了一年就放棄了，因為他學的是芭蕾，本來學得很好，但是有一些阿姨、奶奶會大驚小怪：「看看看，這小男孩跳芭蕾。」

煊煊聽了就覺得好像大家都認為男孩子不應該學芭蕾。小孩都是很敏感的，所以他後來就不去練跳舞了，我覺得挺可惜的。

讓小孩子學會守紀律

好孩子張奕煊：

你好！

昨天你玩得很開心，看到你很快樂，全家人都很高興。

今天是 11 日，北京市規定，11 日是排隊日，你看，「11」很像兩個人在排隊，一前一後。小朋友們都要守紀律，不要爭先恐後，要依次排隊。

昨天，上美術課時你在吃東西，這可不是好習慣，一定要改正。

祝你天天快樂！笑口常開！……………

外公寫

2008 年 3 月 11 日

大寫：貳零零捌年參月拾壹日

小寫：二〇〇八年三月十一日

春夜喜雨　　唐 / 杜甫

好雨知時節，當春乃發生。
隨風潛入夜，潤物細無聲。
野徑雲俱黑，江船火獨明。
曉看紅濕處，花重錦官城！

外公說

當時北京有一個排隊日，每個月的 11 號都是排隊日，現在好像取消了。寫這封信，主要是讓他懂得守紀律。

媽媽說

信裡也指出了煊煊在上美術課時吃東西的一些小問題。總的來說，在對煊煊的教育上，還是批評少，表揚多的。

學會給長輩驚喜

外婆的好外孫張奕煊：

早上好！

今天是外婆的生日，我們一起來吃麵條吧。知道為什麼過生日要吃麵條嗎？因為麵條是長長的，代表「長壽」的意思，所以在過生日的時候吃的麵叫作——長壽麵。請拿出你在幼稚園畫的生日卡片，悄悄放在外婆的座位上，給她一個驚喜。

外公

2008 年 3 月 7 日

早晨寫

- -

子夜四時歌——春歌　　唐 / 李白

秦地羅敷女，采桑綠水邊。
素手青條上，紅妝白日鮮。
蠶飢妾欲去，五馬莫留連。

外公說

在這封信裡，我跟煊煊解釋了麵條的寓意。給外婆的生日卡片是他在幼稚園畫好的，教他這樣做是為了讓外婆有一個驚喜。

媽媽說

每一次家裡有人過生日的時候，外公都會給煊煊出很多主意。孩子慢慢就懂得了這樣做的意義，基本上家裡每一個人的生日，他都記得住。

春天儘量「哄」孩子出門多走路

我最好的朋友張奕煊：

　早上好！

　我們很久沒有到湖邊去看小鴨子了，今天放學後我們一起去，好不好？

　春天來了，家中要開始種葫蘆了。以後會結許多大大小小的葫蘆，送給老師和小朋友們玩。

外公
2008 年 3 月 13 日

· ·

惠崇〈春江晚景〉　　宋 / 蘇軾

竹外桃花三兩枝，春江水暖鴨先知。

蔞蒿滿地蘆芽短，正是河豚欲上時。

外公說

之所以帶煊煊去湖邊看小鴨子，就是儘量想讓他多走點路，因為這個湖比較遠，離家大概一公里，而一公里對小孩來說已經不近了。

媽媽說

外公教育的理念就是持續性的教育，例如，2007年的春天帶孩子去看了小鴨子，那麼，2008年春天他可能還會提起這個事情。

 **什麼是「尋找春天」**

能說會道的小男孩張奕煊：

早上好！

你聽了很多很多故事，以後，你要把聽過的故事講給別人聽，今天回家，你講一個故事給外公聽，好不好？

春天來了，小草發芽了，小樹開始長新葉了，小蟲也到處爬了。今天，我們一起到兒童樂園去尋找春天吧。

外公

2008 年 3 月 14 日

月夜　　唐／劉方平

更深月色半人家，北斗闌干南斗斜。
今夜偏知春氣暖，蟲聲新透綠窗紗。

外公說

　　這封信的主題就是尋找春天，寫這封信是受了報紙上一句話的啟發，所以我也去尋找春天看看，小孩也跟著一起去，找春天去嘍！

孩子也是消費者
讓孩子知道什麼是「消費者的權益」

喜歡買玩具的小男孩張奕煊：

你好！

今天是 3 月 15 日，是「消費者權益日」。

消費者就是買東西的顧客。

比如說，大煊買了玩具，就是玩具的消費者；大煊買了圖畫書，就是圖畫書的消費者；大煊買了水果，就是水果的消費者⋯⋯如果玩具質量不好，圖書是盜版的，水果是壞的，消費者的權益就受到了損害。

因此，國家要保護消費者的權益。

外公
2008 年 3 月 15 日

江南春　　唐 / 杜牧

千里鶯啼綠映紅，水村山郭酒旗風。

南朝四百八十寺，多少樓台煙雨中。

外公說

　　3月15日是消費者權益日，怎麼給他講呢？當時我想了半天，最後想到既然他也是消費者，那麼就從他的角度來寫吧。

提高孩子畫畫的興趣
把孩子的塗鴉裝框掛起來

學習畫畫的小男孩張奕煊:

今天是星期一,下午要上美術課,學習畫畫,你可要認真學,畫得好外公拿去裝框掛起來。

下面介紹一些重要知識:

我們祖國是中國,全名是中華人民共和國。國旗是五星紅旗。國歌是〈義勇軍進行曲〉。

你張奕煊生在北京,所以是北京人,你爸爸姓張,所以你也姓張。你爸爸、媽媽都是漢族人,所以你也是漢族人。

外公

2008 年 3 月 17 日

塞上曲　　唐／戴叔倫

漢家旗幟滿陰山,不遣胡兒匹馬還。
願得此身長報國,何須生入玉門關。

外公說

為了鼓勵煊煊好好畫畫，我就說畫得好我要拿去裝框掛起來，孩子知道自己東西能掛在牆上的話，就會很開心，覺得有成就感。所以如果你想鼓勵自己的孩子堅持一件好事情，並不一定要說多少大道理，讓孩子開心就行。

教孩子準確介紹自己的姓名

一天天長高的小男孩猴奕煊：

早上好！

別人問你姓名，你應該回答：猴奕煊；又問怎麼寫，你應該回答：弓長「猴」，神采奕奕的「奕」，宣傳的「宣」加一個火字旁。希望你學會正確地寫自己的名字，以後畫畫一定要簽名。

下面介紹一些小知識：四面都被水包圍的土地叫作島，你去過的橫沙島就是一個島。

外公

二〇〇八年三月十八日

絕句　宋/僧志南

古木陰中繫短篷，杖藜扶我過橋東。
沾衣欲濕杏花雨，吹面不寒楊柳風。

媽媽為煊煊注：篷，是船帆，短篷，代指小船。杖藜，就是「藜杖」，藜是一種植物，它的稈長老了可以做拐杖。

外公說

在幼稚園畫畫的時候，老師還教孩子們寫字了，本來我們沒教煊煊寫字的，一直沒教，這時候老師希望學生自己在畫上簽名，所以開始教他了。一開始煊煊只簽了個張奕，煊字不會寫，後來會寫了才把煊字補上的。

 # 讓孩子懂得節約用水

愛畫畫的小男孩張奕煊：

早上好！

今天又是星期一了，你下午又要學畫畫了，希望你認真學習，畫幾幅很漂亮的畫給小姨看。

昨天我們看見蛾已經出來到處飛了，這幾天放學後我們一起出去玩，去看蝴蝶，去看蜻蜓，去湖邊看小蝌蚪。

你知道不，我們打開水龍頭，水就會嘩嘩流，人們把流出來的水叫作自來水，其實自來水不是自己從天而降的，是用電從河裡、從地底下抽上來的，所以水是很寶貴的，千萬不要浪費。

外公寫

二〇〇八年三月二十四日

大寫：貳零零捌年參月貳拾肆日

小池　　宋／楊萬里

泉眼無聲惜細流，樹陰照水愛晴柔。
小荷才露尖尖角，早有蜻蜓立上頭。

外公說

煊煊很喜歡玩水，有時候就把水灑得到處都是，
那段時間他經常在洗手間裡玩水，拿著蓮蓬頭到處噴、
到處灑，所以我要教育他節約用水。

大人有不認識的字，也要查字典

勇敢的小男孩張奕煊：

最近幾天，你剪紙、折紙棒極了，大家都為你鼓掌。

在新華字典上，是這樣介紹魚的：

魚是一種脊椎動物，生活在水中，通常體側扁，大都有鱗和鰭，用鰓呼吸，體溫隨外界溫度而變化，種類很多。

大人、小孩有不認識的字，都可以查字典。

你畫的魚非常好看，明天爸爸、媽媽都要去看。

外公寫

2008 年 3 月 28 日

蘭溪棹歌　　唐／戴叔倫

涼月如眉掛柳灣，越中山色鏡中看。
蘭溪三日桃花雨，半夜鯉魚來上灘。

媽媽說

煊煊那天是正好畫了魚，所以外公給他講這個。

孩子畫了什麼

就可以順便給他講有關的知識

嘉洛德國際雙語幼稚園飛魚班勇敢的小男孩張奕煊：

早上好！

昨天我們一起到兒童樂園玩挖沙遊戲，很開心，我們還帶了捉蝴蝶的網，結果捉住了一隻甲蟲，也算是意外收穫，以後我們再去玩。

你畫的海洋裡有魚，海洋裡還有一種很小的動物叫珊瑚蟲，牠會分泌出石灰質的東西，一年、兩年、十年，這種東西多了，就形成像樹枝一樣的珊瑚，有白、有紅，很漂亮。

千年、萬年，這些像樹枝一樣的珊瑚多得堆成大山，就形成了珊瑚島，中國南海裡有很多珊瑚島，身體強壯的人可以去看看。今天是 2008 年 3 月份的最後一天，從明天起，就是 2008 年 4 月份了。

外公早晨寫

2008 年 3 月 31 日

春晴　　唐／王駕

雨前初見花間蕊，雨後全無葉底花。
蜂蝶紛紛過牆去，卻疑春色在鄰家。

媽媽說

　　煊煊畫的魚旁邊會有一些軟體動物，不知道是不是珊瑚，有時候我也不知道他畫的東西是不是想像的，可能和珊瑚蟲相關，因為我們經常帶他去海洋館，他喜歡畫海洋魚。

很多大人也讀錯字
多半是因為小時候不查字典所導致的

跑得很快的棒小夥子鼐奕煊:

昨天上美術課時你認真聽老師講,還舉手回答問題,畫得也不錯,棒極了。

認字的小孩說話要文明,以後你應該特別注意用文明語言:請,您好,謝謝,對不起。

在新華字典上,你可以查到,中國有黃海、東海、南海和渤海,海很大很大,但比洋小,中國所有的海加起來,也沒有一個太平洋大。

海洋中長著各種各樣的動物和植物,有一些看上去非常漂亮。

外公早晨寫
2008 年 4 月 1 日

浪淘沙　　唐 / 白居易

白浪茫茫與海連,平沙浩浩四無邊。
暮去朝來淘不住,遂令東海變桑田。

外公說

其實孩子的疑惑很多，常常會問倒我，每當這時我就說我去看書、查字典，告訴他這些東西都在書上有。

媽媽說

這是教煊煊字典的用處，想提醒他字典很重要，外公知道的都是在字典裡有的，那段時間我們鼓勵他查字典。因為幼稚園裡面不會教孩子查字典，上小學以後老師才會教。

其實很多小學生都不愛查字典，遇到不會讀的字他們就蒙一個讀音。你會發現，其實很多大人也讀錯字，多半是因為小時候不查字典導致的。

在惡劣的環境中保護自己

有很多優點，也有不少缺點的小小男子漢張奕煊：

　　昨天夜裡，在你睡得很香時，外面刮起了大風，吹斷了不少樹枝，還吹倒了一些小樹，未關緊的窗戶上的玻璃也被打破了。

　　風是流動著的空氣形成的，和風細雨有利於樹木花草生長，狂風暴雨會帶來災害。

　　在刮大風時，最好不要出門，以防被風吹斷的樹枝砸傷，以防樓上的東西被風吹下來砸破頭。

　　北京有時會發生沙塵暴，風中有很多很多細小的沙土，走路時應瞇著眼，防止這些細小的沙土吹入眼中。

外公早晨寫

2008 年 4 月 2 日早晨

郵遞區號 100000

北京市某區嘉洛德國際雙語幼稚園飛魚班

張奕煊先生收

春思　　唐 / 李白

燕草如碧絲，秦桑低綠枝。
當君懷歸日，是妾斷腸時。
春風不相識，何事入羅幃？

外公說

　　一直到現在煊煊還有這樣的安全意識，怕樓上掉
東西下來砸到人，颱風天他就會很注意，這跟我在他
小時候告訴他是有關係的。

 **養成帶著任務出去玩的好習慣**

全家人都喜歡的小男孩張奕煊：

　　早上好！

　　今天你要去海洋館，我們都特別高興，大家都希望你回家後給我們講講你看到了什麼，你最喜歡的海洋動物是什麼，你覺得海洋館裡什麼地方最好玩……

　　以後和外公、外婆一起去海洋館，你可要給我們做導遊。

　　祝你今天玩得開心！笑口常開！

外公寫

大寫：貳零零捌年肆月參日

小寫：二〇〇八年四月三日

· ·

寒食　　唐／韓翎

春城無處不飛花，寒食東風御柳斜。
日暮漢宮傳蠟燭，輕煙散入五侯家。

外公說

平時我會有意識地讓孩子思考：他自己最喜歡什麼，出去玩看到了什麼，什麼地方好玩，讓他慢慢地養成帶著任務出去玩的習慣。

媽媽說

清明節的前一天是寒食節。古時候，人們在這一天不生火做飯，吃冷食。

考第一名的秘訣：
謙虛、學習的習慣要好

有很多優點，也有不少缺點的好孩子振奕煊：

首先，請你代我們問全家人好！

其次，請你轉告全家人，我們在上海的三個人身體都很好，外公在上海幾乎天天與老同學聊天，玩得很自在。

明天或後天，上海受颱風影響，將有大風，可能還會下大雨。颱風是太平洋上空冷熱空氣上下流動形成的，每年夏季要穿過中國，好處是帶來大量的雨水，對農作物生長有利，糧食可能大豐收，壞處是有時會造成水災，刮斷樹木，吹倒房屋。

颱風季節，大風吹落的樹枝、廣告牌、玻璃等等可能砸傷人，大家都要小心。

祝大煊吃飯香，睡覺甜，玩得爽！

外公早晨寫

2008 年 4 月 21 日於上海

過京山　　宋 / 李曾伯

總角嬉遊處，重來轉盼然。
溪山猶昨日，朋友盡中年。
舊話逢人說，新詩為客傳。
喚回風雨夢，猶記北窗眠。

媽媽說

孩子六歲以前外公給打的基礎非常好，培養了孩子的自學能力。所以小學一年級到三年級，每個學期孩子的各科成績都是全班第一。

老師開家長會的時候讓煊煊上台發言，他說：「大家都認為我考試考得好是有什麼秘訣，其實我的秘訣只有一個，就是我每次做完題都要檢查兩遍。」

我覺得他說得特別好，一是告訴了別人他只是學習習慣好，別人如果細心檢查也可以達到他的成績，另外一個我覺得他跟外公學到了一種謙虛的品質，這是外公言傳身教的結果。

增強孩子的計算能力
做事的規劃能力

嘉洛德幼稚園飛魚班小男孩張奕煊：

早上好！再過六個月，你就滿六周歲了！
哈哈！

居委會要大家報名參加六一兒童節演出。
去年你和小朋友一起唱歌、跳舞、打拳和
做遊戲，今年我們都等著看你們表演呢，
你可要早點準備喲。

五月份天氣忽冷忽熱，有人感冒了，頭疼
腦熱的，很不舒服。你是一個棒小夥子，
整天跑跑跳跳，經常鍛鍊身體，不容易生
病，但也要注意預防傳染病，吃飯前一定
要認真洗手。

預防手足口病的主要方法是吃東西前一定
要洗手，你可要養成這個好習慣。

外公

2008 年 5 月 12 日寫

登山　　唐／李涉

終日昏昏醉夢間，忽聞春盡強登山。
因過竹院逢僧話，又得浮生半日閑。

🦋 媽媽為煊煊注：強，是多聲字，在這裡讀作「ㄑㄧㄤˇ」，
是勉強的意思。

媽媽說

外公很喜歡把數學的東西，滲透在日常生活裡，
比如，5月12日離煊煊的六歲生日正好差六個月，他
就在信裡告訴孩子，讓孩子腦子裡加深一種數學意
識。外公還很重視孩子的規劃能力，做什麼事前他會
經常提醒煊煊早做準備。

比如這次兒童節的演出是由煊煊來主持的，讓他
主持的原因，就是因為別的孩子都認不全節目單上的
字，只有煊煊認的字多，所以外公讓煊煊好好準備。

用孩子剛剛經歷的事情來教育
他會記得更牢

一天天長大能說會道的小男孩張奕煊：

　　2008 年 5 月 12 日 14：28，四川省汶川縣發
　　生 7.8 級地震，兩千多公里外的北京也有震
　　感，造成許多房屋倒塌，很多人傷亡。
　　地震是一種自然現象，是地球表層快速震
　　動引起的，發生地震時，室內的人應該迅
　　速跑到室外空地上，保證安全。

外公

2008 年 5 月 13 日寫

秋夜將曉出籬門迎涼有感　　宋 / 陸遊

三萬里河東入海，五千仞嶽上摩天。
遺民淚盡胡塵裡，南望王師又一年。

媽媽說

汶川地震了，當時北京也有震感，煊煊在幼稚園也感覺到了，老師馬上就讓他們跑出屋子，沒有什麼事兒。回家以後，外公馬上就給孩子講怎麼躲避地震，比如地震的時候，如果人在家裡，就要迅速跑到外面寬闊的地方，如果跑不出去，就找什麼什麼樣的地方躲避，然後再怎樣保持體力、怎樣求救⋯⋯

如果是平時給孩子講地震的知識，孩子肯定似懂非懂，但那天孩子對地震有了非常直觀的感覺，感覺到那種危機感，所以就會記牢這些知識。

 激發孩子上學的興趣

長得很快的小男孩張奕煊：

早上好！

等你滿六周歲，就是個大孩子了，先要讀小學，然後上中學，接著考大學。

小學裡有很多很多小朋友，大家一起在很大很大的運動場上跑步，在沙坑裡跳遠，一起看電影，一起外出參觀，好玩極了。

小學裡有很大的圖書館，裡面有成千上萬本書，小學生都可以進去看。小學裡還有實驗室，你可以去做自己喜歡的實驗。

明年上小學後，你就和小雨姐姐一樣，是個小學生了，不再是小毛孩了。

外公寫

2008 年 5 月 15 日早晨

滁州西澗　　唐 / 韋應物

獨憐幽草澗邊生，上有黃鸝深樹鳴。
春潮帶雨晚來急，野渡無人舟自橫。

媽媽說

因為煊煊快要上小學了，外公就開始給他做工作，好讓他慢慢準備，讓他充滿嚮往。要是孩子一想到上學要學習呀，壓力很大呀，就可能不想去，上學後也不適應。

外公描述孩子將要上的學校的內容都是那種能讓孩子特別憧憬的，外公會說學校有很多小朋友、很大的運動場、很多本書……總之，學校裡的一切都讓孩子比較期待，事實上，在寫信之前，外公已經去了好幾所小學考察：學校怎麼樣、設施怎麼樣、老師怎麼樣……他也會去聽課，看看老師是怎樣上課的，因為他每天都在教學生，聽聽課就能夠看出這個學校到底適不適合煊煊——他不只是看小學的名聲，而是要看這個小學所推崇的教學理念，符不符合我們對孩子的教育思路。

記住一年和四季的概念

親愛的小男孩張奕煊：

早上好！

平年一年有 365 天，閏年一年有 366 天，一年分為春夏秋冬四季，每年 2、3、4 月為春季，5、6、7 月為夏季，8、9、10 為秋季，11、12、1 月為冬季。

現在是 5 月，屬於夏季，夏季的特點是熱，主要水果是西瓜，吃了不乾淨的東西容易得腸胃病。夏季是看荷花的季節，是游泳的好季節。夏季要多喝水，少曬太陽，防止中暑。

夏季是一個美好的季節。

外公，2008.5.23
早晨寫

客中初夏　　宋/司馬光

四月清和雨乍晴，南山當戶轉分明。
更無柳絮因風起，惟有葵花向日傾。

🦋 媽媽為煊煊注：乍，意思是剛剛。

媽媽說

　　外公是教數學的教授，他知道比方說今年孩子的
生日 11 月 12 號，是星期三，那麼如果今年是一個普
通的平年，明年他的生日應該是星期幾呢？應該是加
一天，也就是星期四。這個知識應該是可以馬上隨口
都答出來的，外公都教過他，現在煊煊都還知道。

 # 記住年、月、日是怎麼定義的

愛讀《百科全書》的小男孩振奕煊：

你好！

地球繞太陽一周為一年。月球繞地球一周為一個月。地球自轉一周為一天。

地球繞太陽一周，需要 365 天 5 小時。人們就把平年定為 365 天，閏年定為 366 天，每四年一次閏年。

平年一年有五十二個星期多一天，閏年一年有五十二個星期多兩天。

外公，2008.5.24 寫

即景　宋／朱淑真

竹搖清影罩幽窗，兩兩時禽噪夕陽。
謝卻海棠飛盡絮，困人天氣日初長。

外公說

我介紹了一些《百科全書》上的知識給煊煊，並讓他有時間去書上找，所以這封信的內容稍微複雜一點。

 ## 讓孩子覺得自己長大了，能幹了

喜歡參觀國家大劇院的小男孩張奕煊：

早上好！

昨天我們參觀國家大劇院，看了「巨蛋」的殼、蛋黃、蛋白，印象深刻。

我們還看了中國大戲曲家湯顯祖的畫像，看了英國大戲劇家莎士比亞的畫像。

我們還聽了小提琴演奏〈梁山伯與祝英台〉。

昨天我們在大劇院走了兩三個小時，你又跑又跳，外公都累了，你卻一點都不累，回家還跟爸爸、媽媽去游泳，你真是一個棒小夥子了，老頭跑得沒你快了。

外公，2008.5.26 寫

贈花卿　　唐／杜甫

錦城絲管日紛紛，半入江風半入雲。

此曲只應天上有，人間能得幾回聞。

外公說

寫這封信就是要鼓勵他，讓他覺得自己長大了，
能幹了。

多讓孩子請小朋友們到家裡來玩

XX 小區 XX 號的小男孩張奕煊：

昨天下午，你請嘉洛德幼稚園大班的全體小朋友來家裡玩，給大家介紹了你住的地方，請大家吃水果，玩玩具，還看到了小黑和小白，大家很高興，你也很開心。

以後，你還可以請小朋友們來玩，大家一起玩，笑聲特別響亮。

昨天下了一場小雨，雨後空氣清新，我們經常在小花園裡走走，呼吸雨後新鮮空氣，你可以長得更高，長得更棒。

外公，2008.5.27 寫於北京

成都曲　唐 / 張籍

錦江近西煙水綠，新雨山頭荔枝熟。
萬里橋邊多酒家，遊人愛向誰家宿？

外公說

小黑和小白是我們以前收養的小狗狗。

收養時孩子還太小，應該是第一次接觸小狗，我還教他認哪隻是小黑狗，哪隻是小白狗。

夏天，要告訴孩子什麼知識

勇敢的小男孩張奕煊：

早上好！

最近幾天，媽媽天天陪你玩，你很開心，媽媽也很高興，主要是你表現好，說話和氣，用文明語言。

我們小花園裡結了很多很多各種各樣的小果子，請你自己去仔細看一看，有多少種，到秋天，就有收穫了，哈哈！

夏天到了，天越來越熱，要注意不能多曬太陽，要防蟲子叮咬，要自己學會保護自己。

外公，2008.5.28 寫

漫興　唐／杜甫

糝徑楊花鋪白氈，點溪荷葉疊青錢。
筍根稚子無人見，沙上鳧雛傍母眠。

外公說

夏天到了，家長要告訴孩子少在烈日下曝曬，學會自己保護自己，這很重要。

安全方面的東西，我在信上寫得比較少，實際上平時跟他講了很多。例如，過馬路時，如果有人被車子撞了，把腳撞斷了，一隻腳走路多痛苦，再也不會長出來了，這樣的東西教了很多，信上倒沒有寫，我覺得寫出來好像有點恐怖。只要讓他明白不注意安全的危害就可以了。

做樹葉標本是非常益智有趣的

全家人都喜歡的好孩子張奕煊：

你好！

你和所有的小朋友一樣，有很多優點，也有不少缺點，但全家人都愛你，老師們也喜歡你，小朋友們跟你一起玩時也很高興，因為你是一個懂事的大孩子了。

昨天我們做了一些樹葉標本，今天我們到湖邊再去摘樹葉，多做一些標本，以後請小朋友們來欣賞各種各樣，有大有小，顏色不同的植物標本，一定很有趣。

外公，2008.5.29
早晨寫

村晚　宋／雷震

草滿池塘水滿陂，山銜落日浸寒漪。
牧童歸去橫牛背，短笛無腔信口吹。

外公說

寫這封信這是教煊煊做標本。之後，煊煊做了不少標本，夾在書裡邊，對於他來說，標本也是玩具，不僅有趣還可以瞭解、欣賞大自然的美。

媽媽說

外公經常注意在信裡強調「你有優點，也有缺點，但我們都愛你」，讓孩子知道，無論他是怎樣的一個人，家人都會無條件地愛他。

節制孩子遇到愛吃的食物
不妨採用「家長銀行」方式存提

喜歡做標本的小朋友張奕煊：

　　我們家的櫻桃成熟了，一串串鮮紅的櫻桃看上去漂亮極了，記住，每天放學後摘幾顆來吃，還可以請好朋友來分享。

　　六月八號，是農曆五月初五，中國稱為端午節，這一天人們都吃粽子，紀念屈原。

　　外公準備多買點粽子，全家人高高興興地一起大飽口福，交給你一個任務，給大家分粽子。

　　　　　　　　　　　　　　　　外公，2008.6.2
　　　　　　　　　　　　　　　　早晨寫

竹枝詞　　明／沈明臣

雨過高田水落溝，瓦橋魚上柳梢頭。
梅子青酸鹽似雪，櫻桃紅熟酒如油。

外公說

　　遇到好吃的，得防止小朋友吃得過多；不過，強行不讓孩子吃也不是好辦法。不妨採用存入家長銀行的方式：讓小朋友把餘下的部分交給家長保管，下次家長再原封不動地還給小朋友，還另給獎勵作為利息。這種辦法值得試試。

當孩子學會打電話時
就讓他打電話去問候親人

已經會打電話的小男孩張奕煊：

你好！

請給小雨姐姐打一個電話，祝她生日快樂。

你知道嗎？古代沒有電話，人們只能給遠方的親人寫信。

電話是美國人貝爾在一百多年前發明的。

外公寫

2008 年 6 月 24 日

∙∙∙

海棠　　宋／蘇軾

東風嫋嫋泛崇光，香霧空濛月轉廊。

只恐夜深花睡去，故燒高燭照紅妝。

外公說

親情是不可缺少的，一句問候暖人心。

 ## 讓孩子明白「供需關係」

愛聽故事的好孩子張奕煊：

我講個故事給你聽：

在一個人煙稀少的路旁，有一間小小的飯店，老闆在路邊豎立了一個廣告牌，上面寫著：

請進店吃飯，否則你和我都要餓肚子了！

第一個問題：如果顧客不進這個店吃飯，顧客為什麼會餓肚子？

第二個問題：如果顧客不進這個店吃飯，老闆為什麼會餓肚子？

你如果不知道答案，請仔細想一想。

你如果知道答案，可以考考其他小朋友。

外公寫

2008 年 6 月 30 日晚

直中書省　　唐／白居易

絲綸閣下文章靜，鐘鼓樓中刻漏長。

獨坐黃昏誰是伴，紫薇花對紫薇郎。

外公說

這個故事就是從書上翻到的，我沒給煊煊答案，讓他自己想，結果這兩個問題，他都回答出來了。

顧客不進這家店為什麼會餓肚子？煊煊說前面沒店了，不在這裡買東西就沒吃的了。第二個問題難一點，為什麼顧客不進店，老闆會餓肚子呢？我給他介紹了一下飯店是幹嘛的，為什麼要開飯店，他慢慢就曉得開店是為了賺錢，賺不到錢老闆就沒錢吃飯，真是有趣。

我們還建議他去考考其他小朋友，他真的去問了其他小朋友，雖然表述得不大清楚，但也算鍛鍊了他的表達能力。

教孩子靈活動腦

愛動腦筋的小男孩張奕煊:

　今天講的故事是:

　在一個月黑風高的秋天,古代一位將軍率騎兵追擊敵人迷路了,天亮一看,四周是一片茫茫沙海,看不到一個行人,看不到一隻飛鳥,看不到一棵大樹,看不到一根小草。

　軍中缺糧斷水,寒風刺骨,將軍束手無策,一籌莫展。在萬般無奈的情況下,將軍下令:「誰能將軍隊帶回營地,獎黃金百兩。」

　這時一位餵馬的老兵說:「我有辦法。」老兵放出一匹老馬,讓老馬在前面帶路,大家在後面跟著走,經過千難萬險,老馬終於把大家帶回了營地。這個故事的名字叫:老馬識途。

　問:一百兩黃金應該獎給老馬?還是獎給老兵?

外公寫

2008 年 7 月 2 日

江漢　　唐／杜甫

江漢思歸客，乾坤一腐儒。
片雲天共遠，永夜月同孤。
落日心猶壯，秋風病欲疏。
古來存老馬，不必取長途。

外公說

講這個「老馬識途」的故事一是為了讓煊煊瞭解這個成語典故，二是為了讓他動動腦筋。

煊煊的回答是：「黃金應該給老兵，因為老馬不會用錢。」

你想不到他的答案會是因為這個理由，這卻是最單純、最直接的一個答案。現在回想起給煊煊寫信的那段日子，還是很有樂趣的。

「殺雞取卵」的故事
就是不要驕傲和貪心

游泳已學會換氣的小朋友張奕煊：

從前，有個老太太養了一隻非常非常特別的大母雞，這隻母雞每天都會給老太太下一個金雞蛋，老太太賣了金蛋，發財了。她買了很大很漂亮的房子，買了很多很好看的衣服，還買了各種各樣好吃的東西，過著舒舒服服、無憂無慮的日子。

有一天，一個過路人對老太太說，你的母雞肚子裡肯定裝滿了金蛋，老太太聽後殺了母雞，夢想得到一大堆金蛋，可仔細一看，一個金蛋也沒有。

老太太傷心極了，沒有了母雞，貪心的老太太越來越窮了，吃了上頓沒下頓。

這個故事名字叫「殺雞取卵」。

外公寫

2008 年 7 月 4 日

題破山寺後禪院　　唐／常建

清晨入古寺，初日照高林。
曲徑通幽處，禪房花木深。
山光悅鳥性，潭影空人心。
萬籟此俱寂，但餘鐘磬聲。

外公說

我講「殺雞取卵」的故事給煊煊聽，就是想告訴煊煊不要驕傲。他聽了之後就說：「這個老太太太傻了。」他也沒想到貪心這個詞，甚至沒想到貪字。慢慢地，我開始注意給煊煊講一些寓言故事，因為他能接受這些東西了，而且能懂得其中的道理了。

與家人走失時的求救辦法

勇敢的小男孩大煊：

早上好！

今天爸爸、媽媽要帶你出去玩，外公考你
一個問題：如果在大商場裡，你正高高興
興地玩，突然發現看不見爸爸、媽媽了，
商場裡人很多，你該怎麼辦呢？

外公教你一個好辦法：你可以立即在原地
附近靠牆站著，防止走路的人撞著你，並
且不再走動，等著爸爸、媽媽來找你。當
然，你如果記住了爸爸或媽媽的手機號
碼，請保安叔叔給他們打一個電話就更好
了。希望你們今天玩得開心。

別忘記，回家後可要給我講一件今天你遇
到的有趣的事情喲。

你最好的朋友外公寫

2008.7.16

巴女謠　　唐／於鵠

巴女騎牛唱竹枝，藕絲菱葉傍江時。
不愁日暮還家錯，記得芭蕉出槿籬。

外公說

做好對孩子的安全教育當然是家長的頭等大事。這封信是告訴煊煊如果和爸爸、媽媽走散了他應該怎麼辦，我認為很多東西都要提前教，尤其是對孩子安全意識的培養。

媽媽說

後來我們帶煊煊去參觀天文館，煊煊就走丟了，但他一點也不害怕，正好看見過來一個穿制服的工作人員，煊煊就問他：「您是不是這裡的工作人員？我爸爸、媽媽丟了，您能不能幫我把他們找回來？」就這樣，很快我們就找到了他。

把捨不得的東西送給別人
讓孩子學捨得的「難」與「快樂」

善良的小男孩振奕煊：

你好！

奧運會就要開幕了，全中國的人都很開心，全世界的人也很關心。

有一位以色列的老奶奶，為了看奧運，提前三個月就到了北京，她帶的錢不多，就以教英語來維持在京的開銷，真不簡單。可是她和她的朋友沒有申購到門票，非常著急。媽媽偶然認識了她們，為了幫助她們能高興地看奧運，就把我們好不容易通過搖號中簽申購到的三張奧運看跳床比賽的門票送給她們了……

在 2008 年 8 月 16 日 11：00 到 13：28，我們一起在家中看電視轉播跳床比賽時，和她們一起為運動員加油吧。

外公寫

2008 年 7 月 28 日

瑤池　　唐 / 李商隱

瑤池阿母綺窗開，黃竹歌聲動地哀。

八駿日行三萬里，穆王何事不重來？

媽媽說

奧運會期間，票特別難買。

當時，我們一家人正準備進去，看見一位外國老太太站在門口，很失落的樣子。我一問，她說她是猶太人，喜歡中國，特意從以色列來到中國看奧運會。外公說：「咱們把票給她們吧！」於是，我們就把票給了老太太。

奧運會在外公的信裡說過很多，他愛國，也很愛體育，而且外公的想法是讓孩子從小喜歡體育，不一定非要讓他做多少運動，但是至少要對體育感興趣。外公認為體育是一種精神，讓孩子知道這一點好。

讓孩子知道親情的可貴

越長越高的小男孩煊煊：

你好！

在我們家的相冊裡，有一張爺爺、爸爸和你的合影，三個人都笑得合不攏嘴。所有看過這張照片的人都說，這祖孫三代人實在太像了。

告訴你一個秘密：你三十年後的樣子就像照片中的爸爸，你六十年後的樣子就像照片中的爺爺。這張照片可要保存好，這是咱們家的傳家寶。

白頭髮越來越多的外公寫

2008 年 8 月 5 日

清平樂‧村居　　宋 / 辛棄疾

茅簷低小，溪上青青草。
醉裡吳音相媚好，白髮誰家翁媼。
大兒鋤豆溪東，中兒正織雞籠。
最喜小兒無賴，溪頭臥剝蓮蓬。

媽媽說

我家有一個電動的理髮器，孩子從出生到現在，頭髮都是我們給他理的。這封信裡提到的祖孫三代合影，三個人的頭髮都是我給理的光頭造型，特別可愛。

我覺得，無論看外公的信多少遍，都是會越看越有味，可能第一次看的時候覺得沒啥意思，但是多看幾遍之後，就會發現信裡隱藏的感情。

多看體育比賽，讓孩子愛上鍛鍊

正在學習騎自行車的小男孩大煊：

你好！

今天中午我們在小區門口看了奧運會男子公路自行車賽。

比賽一共有 143 名運動員，他們騎車穿越北京城，經過天壇、天安門、地壇……一直騎到長城。一共有 102.6 公里。真了不起。他們騎車經過我們的時候，快得像風一樣，簡直分不出誰先誰後。這是因為他們長期堅持鍛鍊，所以水準都很高。

大煊最近學習騎車也很不錯，堅持練習，很快就可以把車輪兩邊的小輪子去掉，騎兩個輪子的自行車了。

外公寫

貳零零捌年捌月玖日

冬夜讀書示子聿　　宋 / 陸遊

古人學問無遺力，少壯工夫老始成。
紙上得來終覺淺，絕知此事要躬行。

媽媽說

外公很關注北京奧運會，去看了很多次。這是自行車比賽，賽道從我們家門口過，所以我們就專程在門口等待他們騎過去。

鼓勵孩子用自己的語言
去描述事物

第一次看柔道比賽的小男孩張奕煊：

你好！

上午我們去現場看了奧運會的女子柔道比賽。
回家以後你給媽媽解釋，什麼是柔道：「
柔道就是，一個人把另一個人扳倒，然後
揉啊揉啊揉啊揉，直到讓另一個人的背衝
下，那個人就可以得好幾分……」
哈哈，你說得真形象！

外公寫
貳零零捌年捌月拾日

蜀道後期　　唐／張說

客心爭日月，來往預期程。
秋風不相待，先至洛陽城。

🦋媽媽為煊煊注：張說名字中的「説」字，念作「ㄩㄝˋ」。

外公說

　　煊煊在看完柔道比賽後回來跟媽媽解釋了什麼叫柔道，小孩很會抓重點，解釋得很有趣。

帶孩子去看體育比賽前
要先講有關比賽的規則

大煊：

早上好！

我們今天要去現場看奧運會體操比賽和手球比賽。

手球比賽跟足球比賽差不多，但手球是用手來打的。每個隊有一個守門員。把球打進對方的球門就可以得一分。比賽時間是一個小時。哪個隊進球的次數更多，就算勝利。

外公寫
貳零零捌年捌月拾肆日

如夢令　宋 / 李清照

常記溪亭日暮，沉醉不知歸路。
興盡晚回舟，誤入藕花深處。
爭渡，爭渡，驚起一灘鷗鷺。

外公說

　　當時奧運會比賽看得比較多，為了教育他愛國，我給他買了很多中國徽章和小國旗，頭上還給他綁了一個國旗的頭帶，然後帶他去現場給中國隊加油。去之前，我順便跟他講解了一下手球的規則，讓他事先有個瞭解。

 # 對大數字有一個具體的概念

小姨的好朋友張奕煊：

早上好！

媽媽、小姨昨天帶你去故宮看了陶瓷和書畫展覽。

故宮是明代、清代的皇宮，皇帝住的地方。已經有五百多年歷史了。現在是博物館。

故宮共有8704個房間。如果一個人從出生開始，每天住一個不同的房間，要一直住到二十四歲，才能住完所有的房間。

外公寫

貳零零捌年捌月貳拾陸日

- -

清平調　唐 / 李白

名花傾國兩相歡，常得君王帶笑看。
解釋春風無限恨，沉香亭北倚闌干。

外公說

因為小孩子對八千多個房間，沒有一個具體的概念，所以我就給他寫下來，告訴他每天住一個房間要住到二十四歲，這樣就形象一點。

家長跟孩子交流要順應孩子的特點。

帶孩子去看中國文物展

張奕煊小先生：

　　昨天，我們一起去首都博物館，看了《中國記憶》五千年文物展。

　　中國的歷史很長，是文明古國。

外公寫
貳零零捌年捌月貳拾柒日

出塞　　唐 / 王昌齡

秦時明月漢時關，萬里長征人未還。
但使龍城飛將在，不教胡馬渡陰山。

外公說

《中國記憶》五千年文物展，是政府為了配合奧運會開的，這個展覽很好，把中國各個省博物館的鎮館之寶都集中到北京來了。

例如，如果你以前要去看金縷玉衣，就得去河北省博物館看，如果要去看馬王堆出土文物，就得去湖南省博物館看，但是那次所有的重點文物都集中在了一起，省去了很多麻煩。

因為奧運會的緣故，為了讓全世界的人能瞭解到中華文化的輝煌。這樣的機會很難得，所以我們也帶著煊煊去看一下，告訴他這都是中國五千年的歷史。

我認為從小就要讓孩子有這個意識：「我是中國人」，我為此自豪。

讓孩子從小學會尊重殘疾人

會游泳的小男孩煊煊：

晚上好！

上午你和媽媽去水立方觀看殘奧會游泳比賽。殘疾人運動員有的人缺一條腿，有的人沒有胳膊，但他們卻游得比普通人還快，這是他們刻苦訓練的結果。

如果你堅持鍛鍊，也會變成游泳健將的。

外公寫

2008.9.8

漢廣　　詩經

南有喬木，不可休思。
漢有遊女，不可求思。
漢之廣矣，不可泳思。
江之永矣，不可方思。

外公說

　　我們帶煊煊去看了很多殘奧會的比賽，主要是讓他感受到這種永不言棄的拚搏精神，讓他知道人不管在哪種情況下，都可以很好地生活。要讓孩子從小學會尊重殘疾人，關心他們。

出門時，丟三落四是常有的事
請小孩幫助提醒是個好辦法

記憶力強的小男孩旅奕煊：

早上好！

今天我們要出發了。出門旅遊，需要準備這些東西：

身分證，錢，手機充電器，照相機，帽子，衣服，行李箱。

請你幫助大家檢查一下，需要的東西帶齊了沒有。

另外，你還可以帶上兩本書，在路上看。

外公寫

2008.9.30

長相思　清／納蘭性德

山一程，水一程，身向榆關那畔行。

夜深千帳燈。

風一更，雪一更，聒碎鄉心夢不成。

故園無此聲。

🦋 媽媽為煊煊注：榆關，就是山海關；那畔，指山海關的
另一邊。聒，指聲音吵鬧。

外公說

出門時，丟三落四是常有的事，請小孩幫助提醒
是個好辦法，也可以順便幫助孩子養成好習慣。

媽媽說

在這首詩裡，我告訴孩子「更」是破音字，有兩
個讀音，這裡念作「ㄍㄥ」。一夜分五更，每更大約是
兩小時；這樣就讓煊煊知道了一些古代常識。

孩子不能讓腳受寒

煊煊：

　你好！

　今天是農曆二十四個節氣中的：寒露。

　寒露的意思是清晨的露水變冷，快要結冰了。表示天氣一天比一天冷。

　諺語說：「寒露腳不露。」天冷，大家穿好襪子，不要光腳，避免腳受涼。

　寒從腳下起。腳受涼，人就容易生病。

　你從幼稚園回到家裡，脫下室外鞋，一定要記住換上防滑襪，這樣踩在地板上就不會受涼了。

外公寫

2008.10.8

秋夜曲　　唐／王維

桂魄初生秋露微，輕羅已薄未更衣。
銀箏夜久殷勤弄，心怯空房不忍歸。

媽媽說

　　孩子回到家之後，一般都喜歡光著個腳，到處亂跑，這樣就容易在不知不覺中受寒感冒。外公為了讓煊煊知道這個道理，就特意選用了一句諺語來說明。

教孩子掌握解決爭執的智慧

優點多缺點少的好孩子振奕煊：

你好！

昨天，你看到有人在你面前吵架，就告訴
他們：「媽媽說，不能在小孩面前吵架。」
他們聽了你的話，果然就不吵了。

謝謝你。以後再有人在你面前吵架，你還
這樣說，這個辦法太好了。

外公寫
2008.10.19

蕭瑀　唐 / 李世民

疾風知勁草，板蕩識誠臣。
勇夫安識義，智者必懷仁。

🦋 媽媽為煊煊注：李世民是唐朝的第二個皇帝唐太宗。
蕭瑀是宰相。

外公說

　　當時，兩位女士為小事爭執，她們聽了煊煊的話，都有點不好意思了，分別對煊煊笑了笑就離開了，爭執就這樣自然結束了。

 ## 讓小孩子的心中充滿慈悲

我的越來越懂事的小外孫張奕煊：

早晨好！

昨天晚上，爺爺、奶奶、外公、外婆、爸爸、媽媽，還有你，大家在一起吃飯，有說有笑，多開心呀。你吃了不少好東西，夜裡大概做了個好夢吧。

爺爺、奶奶愛孫子大煊，外公、外婆愛外孫大煊，爸爸、媽媽愛兒子大煊，因為大煊也愛爺爺、奶奶、外公、外婆、爸爸、媽媽。我們是一家人，大家在一起才特別開心。

大煊愛大樹，愛小草；大樹、小草也愛大煊。大煊愛太陽、月亮、星星，太陽、月亮和星星也愛大煊。大煊愛幼稚園裡的小朋友，小朋友們也都愛大煊。

大煊，我們都愛你，你是我們的好朋友。

愛你的外公寫

2008.11.2

子夜四時歌冬歌之一　　　南朝 / 民歌

淵冰厚三尺，素雪覆千里。
我心如松柏，君情復何似？

外公說

　　這封信當時在寫的時候就動了一番腦筋，因為煊煊喜歡樹，我就反過來說樹也喜歡他，大家相互愛護。然後，我就想到了人，告訴他應該喜歡幼稚園小朋友，小朋友也喜歡煊煊。

從「記性差」的笑話中
教孩子盡孝道

大小夥子振奕煊：

　早晨好！

　外公給你講一個故事：

　午飯後，有三位老太太坐在餐桌旁聊天。

　第一位老太太說：我記性越來越差了，今天早飯吃的是什麼都忘記了。

　第二位老太太說：我的記性更不好，剛才吃的是什麼，我都記不清了。

　第三位老太太用手在桌子上重重敲了兩下，大聲說：你倆記性實在太差了。過了一會，她小聲問，剛才是誰在敲桌子。

　你一定猜出來了，誰的記性最差。哈哈。

　你是一個記性很好的大小夥子，可不要忘記在爸爸、媽媽生日的那一天對他們說：生日快樂！他們一定會非常高興的，因為兒子的祝福是最好的生日禮物。

記性越來越差的外公寫

2008.11.5

浣溪沙　　宋／蘇軾

遊蘄水清泉寺，寺臨蘭溪，溪水西流。

山下蘭芽短浸溪，松間沙路淨無泥。
蕭蕭暮雨子規啼。誰道人生無再少？
門前流水尚能西！休將白髮唱黃雞。

🦋 媽媽為煊煊注：蘄，念作「ㄑㄧˊ」。

外公說

這個故事很有趣，講的是三個記性差的老太太，告訴煊煊如果一個人不去訓練記憶力，會鬧很大的笑話。因為煊煊的記憶力很好，所以我提醒他不要忘記父母的生日。說到這裡我再重申這個觀念，中國的孝道要在孩子小的時候教。

2008 年底

煊煊 6 歲了
培養孩子勇於嘗新的
開放心態

看到一種新東西應該去嘗試

愛吃水果的小朋友大煊：

你好！

外公今天買了三斤多紫葡萄，賣葡萄的人誇張地說葡萄有乒乓球那麼大，哈哈。

葡萄已經洗好了，放在桌子上。我已經吃了好幾顆，味道不錯，你也快去吃吧。

葡萄雖大，但吃起來有點酸。酸甜苦辣各種味道都有人喜歡，就是臭，也有人喜歡。臭豆腐聞起來臭，吃起來卻香。哈哈！有趣吧。

也愛吃水果的外公寫

2008.11.17

菩薩蠻·書江西造口壁　　宋／辛棄疾

鬱孤臺下清江水，中間多少行人淚？
西北望長安，可憐無數山。
青山遮不住，畢竟東流去。
江晚正愁餘，山深聞鷓鴣。

媽媽說

煊煊現在很喜歡吃臭豆腐，不過他那個時候還沒有吃過真正的臭豆腐，我們家自己做的臭豆腐不是很臭，最臭的是湖南的臭豆腐，他後來才吃到。

外公老是培養他一種開放的心態，就是看到一種新的東西應該去嘗試，所以煊煊的心態一直比較開放，我們帶他出去玩也比較省心。每去一個新的地方，有一些很新奇或者是很奇怪的東西，他都願意去嘗試，適應能力和接受能力比較強。

生梨傷脾胃，把梨煮熟了給孩子吃

誠實的大男孩張奕煊：

早晨好！

講一個你自己的故事給你聽，喜歡不？

在你剛學會走路的時候，有一天，坐在小椅子上，雙手捧著一個煮熟的大梨津津有味地啃著。快啃到梨核了，外公說：「煊煊，轉一下再吃。」

你聽見後不是把梨轉一下，而是站起來繞著椅子轉了一圈後坐下來繼續大口地啃梨核……

看著你一天天長大的外公寫

2008.11.20

無題　宋 / 晏殊

油壁香車不再逢，峽雲無跡任西東。

梨花院落溶溶月，柳絮池塘淡淡風。

幾日寂寥傷酒後，一番蕭瑟禁煙中。

魚書欲寄何由達，水遠山長處處同。

媽媽說

外公會給煊煊吃煮熟的梨，我小時候也這樣吃，外公認為生梨太寒涼了，小孩子吃多了傷脾胃，所以都是煮熟了才給我們吃。太大的梨可以劃開了再煮，不去皮給孩子吃。

當小孩長大、老了
也會給孫子或外孫講故事

一天天長大的小男孩煊煊：

你好！

喜歡聽外公小時候的故事吧，我給你講一個。

讀小學的時候，語文老師安排家庭作業：寫一百個字。

我問：「寫一百個什麼字？」老師答：「寫什麼字都行。」

第二天，我把作業本交上去了，老師看見後哭笑不得，原來，我在作業本上寫了一百個「一」。

哈哈，有趣吧。人老了，回憶兒童時代的事都很美好。

小孩都會一天天長大，小孩都應該認真學習。五十年後，六十年後，你也要當爺爺，當外公，你也會給你的孫子或者外孫講故事，人類就是這樣一代又一代，世代相傳的。

一天天越來越老的外公寫

2008.11.23

贈王氏小兒　　唐 / 竇鞏

竹林會裡偏憐小，淮水清時最覺賢。
莫倚兒童輕歲月，丈人曾共爾同年。

外公說

當我把這個故事講給煊煊聽後，他說外公好懶啊，
當時的情形可有趣了。突發奇想，講一些長輩小時候
的趣事給小孩聽，大家更親近了。

大人也會犯錯，錯了不要抵賴
認錯就行了，小孩也是一樣

振奕煊小先生：

你好！

講一個外公自己的故事：

有一天，我走路累了，口乾舌燥，看到一間飯店裡有人正在喝豆漿，我急忙進去，也沒仔細看，就喊：「服務員，來兩碗豆漿。」服務員過來了，客氣地問：「請問，你還要點什麼？」我答：「只要兩碗豆漿，其他什麼都不要。」服務員一下子就愣住了，不少顧客也轉過頭來看著我。我感覺氣氛不對。抬頭一看，牆上有幾個大字「豆漿免費供應」。我一下子全明白了，趕忙說：「對不起，我還要兩個菜包子。」

從此以後，我走進飯店，都要先看一下，然後才點菜。哈哈。

外公寫

2008.12.4

登岳陽樓　　唐／杜甫

昔聞洞庭水，今上岳陽樓。
吳楚東南坼，乾坤日夜浮。
親朋無一字，老病有孤舟。
戎馬關山北，憑軒涕泗流。

外公說

那是我在四川的自貢市富順縣時發生的一件趣事，有間飯店喝豆漿不要錢，但是你要買點其他東西。我那個時候口很渴，進飯店就跟服務員說：「先來碗豆漿。」結果鬧了個笑話。現在覺得真是有趣。

寫這封信就是告訴煊煊大人也會犯錯誤，錯了不要抵賴，認錯就行了，小孩也是一樣。

人都有缺點，改了就好

記憶力很好的小朋友煊煊：

你好！

有一位馬大哈先生，花了一個多小時給朋友寫信，信寫好後放在口袋裡，走路到郵局裡買了一個信封，一張郵票，當場拿出筆來在信封上仔細地寫了收信人的地址，收信人的姓名，寄信人的地址，核對無誤後認真地貼好郵票，迅速地封好信口並投進郵箱；然後高高興興地回家了。

回到家中一摸口袋，不好，寫好的信紙還在口袋裡，忘記裝進信封了……

有一次，外公煮飯，認真地把鍋洗乾淨，仔細地在盆裡淘好米，又在鍋裡裝進不多不少的水，立即蓋上鍋蓋，放在火上煮，到了吃飯時打開鍋蓋一看，糟糕，裡面是一鍋清水，忘記放米了。我也當了一回馬大哈先生。

你可不要也當小馬大哈喲。

外公寫

2008.12.5

黃鶴樓　　唐／崔顥

昔人已乘黃鶴去，此地空餘黃鶴樓。
黃鶴一去不復返，白雲千載空悠悠。
晴川歷歷漢陽樹，芳草萋萋鸚鵡洲。
日暮鄉關何處是？煙波江上使人愁。

外公說

　　我會跟煊煊講自己馬大哈的故事，還有小時候調皮偷懶的故事，告訴他人都有缺點，改了就好。我還會教他一些中國人的傳統美德，就是希望他做個好人。

有時，孩子犯了小錯不能批評
反而應該獎勵

小小男子漢張奕煊先生：

你好！

外公給你講一個你媽媽小時候的故事：

有一年秋天，她和小夥伴們一起玩，一不小心，她掉到池塘邊了，爬上來後，褲子上有不少污泥，而且濕透了，冷得很。她立即趕回家，換了衣服……

第二天，小夥伴們問她，昨天回家挨罵了沒有，挨打了沒有。她回答：「既沒有挨罵，也沒有挨打，還得到了獎勵。」

開動你聰明的小腦瓜想一想，這是為什麼？告訴你吧，不小心弄髒了、弄濕了衣服是個小缺點，但是及時回家換上乾衣服，防止受涼，防止感冒是個大優點，獎勵的正是這個大優點，不是那個小缺點。

功大於過該受獎勵；你懂了吧。

外公寫

2008.12.12

貧女　　唐 / 秦韜玉

蓬門未識綺羅香，擬托良媒益自傷。
誰愛風流高格調，共憐時世儉梳妝。
敢將十指誇針巧，不把雙眉鬥畫長。
苦恨年年壓金線，為他人作嫁衣裳。

媽媽為煊煊注：由這首詩產生了常用的成語：「為人作嫁」；比喻白白為別人辛苦。

外公說

寫這故事的初衷是：小朋友犯小錯誤很正常，父母不必過分責備，孩子也用不著害怕，一句話：「改了就行。」

小朋友在外面玩，弄髒了衣服是很平常的小事。小朋友自己主動回家後，家長不能批評，反而應該獎勵。當然，要給小朋友說清楚，不是獎勵弄髒弄濕了衣服，而是獎勵及時回家換衣服，防止受涼感冒這件事。

孩子能看信了，是個文化人了

我最好的朋友敒奕煊：

時間過得真快！不知不覺，外公給你寫信已經寫了快三年了。

現在你認識了很多的字，不需要外公給你念信，可以自己看了。

小姨說：大煊能看信了，是個文化人了，不是文盲了，哈哈。

外公給你訂的兒童報，媽媽給你買的兒童書，你都能自己看得津津有味，還能給小朋友們念書上的故事。

在幼稚園，老師們都誇你是愛讀書的好孩子。

愛讀書是個好習慣。書上有很多知識。會讀書的人，就可以自己學習，不需要凡事都問別人了。

祝你新年進步！天天快樂！

外公寫

2008.12.26

偶成　　宋／程顥

閑來無事不從容，睡覺東窗日已紅。
萬物靜觀皆自得，四時佳興與人同。
道通天地有形外，思入風雲變態中。
富貴不淫貧賤樂，男兒到此是豪雄。

媽媽為煊煊注：覺，是睡醒的意思。淫，是放縱的意思。

媽媽說

　　外公家書已經寫了三年，這封信後選程顥的詩，是一個階段性的總結。這首詩反映了外公想要教給孩子的最重要的東西——做人的道理。

用拋磚引玉，來讓孩子
講更好聽故事給家長聽

九月就要升為小學生的好孩子振奕煊：

你好！外公、小姨、小姨父都很喜歡你，都很想你！

《小西遊記》第……回三兄弟遊兒童城

話說小孫悟空眼尖，看到大路遠處隱隱約約有很多人，三兄弟加快腳步趕上前去，原來很多小朋友都在看一張告示，告示上說：新建的兒童城今天開業，不僅免費對兒童開放，而且還贈送每一位兒童三十元兒童幣。

有如此好的機會，三兄弟當然不會錯過，小八戒搶著帶路，沿著路牌的箭頭方向前進，向兒童城走去。路上，小八戒問：「兒童幣能不能買吃的東西？我肚子已經餓了。」小沙僧說：「我也不知道。」小悟空說：「快走吧，馬上就到了，進去一看就知道了。」

三人急急忙忙走到城邊，看到很多小朋友都排著隊朝城裡走，城門口發兒童幣。到了入口處，三人各領了三十元兒童幣。進城一看，城裡佈置得花花綠綠。

小八戒聞到香味了，說：「我們去吃早飯吧。」小悟空說：「好。」三人進了兒童餐廳，各人都分別去選喜歡吃的東西，小八戒買了肉包子、糖包子、巧克力、湯圓、銀耳粥，等等，把肚子吃得滾圓，花了二十元錢，小悟空、小沙僧也吃飽了，只分別花了三元錢和兩元錢。

吃飽了肚子，三兄弟到了遊戲大廳，遊戲大廳裡可以玩的太多了，但是每一種遊戲都要收兒童幣，騎真馬要兩元，騎真羊要一元，坐飛機要一元……小悟空最喜歡騎山羊，騎了一次又一次，花了兩元錢；小沙僧喜歡穿潛水服潛水，一次就花了五元。小八戒錢不多了，知道得省著用，就去玩不收費的滑梯。三人又分別去看了雜

技表演、魔術表演，還看了木偶劇……

玩到中午，三兄弟又湊在一起了。一算帳，小悟空還剩八元，小沙僧還剩九元，小八戒只剩一元了。進了餐廳，小八戒紅著臉說：「我早晨吃得太多，還不餓，你們吃吧。」小沙僧說：「我去買。」他買了三碗牛肉麵，只花了三元兒童幣，請兩位師兄各吃一碗，自己也吃了一碗。

午飯後，三兄弟到了玩具大廳，玩具大廳簡直就是世界玩具博覽會，很多玩具他們都是第一次看到，遺憾的是買玩具要花兒童幣，三人不敢輕易下手。三兄弟逛了好幾圈，一件玩具都沒有買。突然，小八戒看到有一套精裝版的彩色連環畫《西遊記》，一看要十六元兒童幣，可三兄弟的錢湊在一起才十五元，這可怎麼辦啊？

聰明的小八戒一拍腦袋，有辦法了，我去和售貨員討價還價，售貨員也正愁著這套

書賣不出去，就答應十五元賣給他們了。
三兄弟拿著精裝版彩色連環畫《西遊記》，
高高興興地離開了玩具城。欲知後事如
何，且聽下回分解。

外公寫

2008.12.25

外公說

這是我從上海寄過來的信，因為 2009 年我去上海
了，所以信不多了。編此故事的目的是想拋磚引玉，希
望一天天長大的煊煊，以後能編更好聽的故事給我聽。

後記，外公的溫度

　　外公寫給煊煊的一千多封信，一部分被煊煊的幼稚園拿了去做教材，一部分散失了。餘下的幾百封原件，我保存了起來，時常拿出來看看。

　　由於外公注重環保的關係，那些信幾乎都是寫在循環利用的紙張背面，有的是一張過期的通知單，有的是一張草稿紙，有的是拆開的舊信封。紙張的形狀、大小不盡相同，唯一相同的，是紙上外公始終如一的整齊的字體。為了方便小外孫讀認，信中的每一個字，外公都用工整的正楷寫出，端正有力的筆劃，是外公獨有的字體。

　　這字體我再熟悉不過，從我五歲時背誦的唐詩手抄本，小學時試卷上的家長評語，到大學時每週盼望的厚厚家書……外公用這工整的字體，寫滿了我成長

的每一頁。

幾十年過去了，許多人和事已面目全非，但外公寫給小外孫的信，字跡還是跟從前寫給我這個女兒的信一模一樣。每次看到這親切熟悉的字體，總會讓我覺得心頭暖暖的，連信紙都彷彿帶有外公的溫度。

重讀這些信，我彷彿又看見當年的外公，坐在桌前，一筆一劃，無比認真地寫下每一個字，寫下他對孩子無限的愛與祝福……

陳允斌

2015 年 5 月於北京

國家圖書館出版品預行編目(CIP)資料

外公家書 / 陳德勤　陳允斌作. -- 初版. -- 臺北市：
大塊文化, 2016.11
　　面；　公分. -- (Care ; 47)
ISBN：978-986-213-765-9(平裝)
1.親職教育
528.2　　　　　　　　　　　105022359

CARE
Good Care ,
Good Living

CARE
Good Care ,
Good Living